LA INVESTIGACIÓN DE CAMPO COMO BASE PARA LA REFLEXIÓN DOCENTE

LA INVESTIGACIÓN DE CAMPO COMO BASE PARA LA REFLEXIÓN DOCENTE

LEAL REYES ROSA GABRIELA
NAVARRO LEAL VERÓNICA YUDITH
RODRÍGUEZ LIMÓN ROSA MARÍA
SÁMANO GARCÍA MARÍA HILDA
NAVARRO LÓPEZ RAMIRO

Número de Control de la Biblioteca del Congreso de EE. UU.:   2017916179
ISBN: Tapa Blanda   978-1-5065-2254-8
                         Libro Electrónico   978-1-5065-2253-1

Para realizar pedidos de este libro, contacte con:
Palibrio
1663 Liberty Drive
Suite 200
Bloomington, IN 47403
Gratis desde EE. UU. al 877.407.5847
Gratis desde México al 01.800.288.2243
Gratis desde España al 900.866.949
Desde otro país al +1.812.671.9757
Fax: 01.812.355.1576
ventas@palibrio.com
769607

Índice

INSTRUCCIONES DE TRABAJO

RESULTADOS OBTENIDOS

PRESENTACIÓN

En abril de 2017 la Unidad Académica Multidisciplinaria de Ciencias, Educación y Humanidades de la Universidad Autónoma de Tamaulipas fue convocada a participar en la implementación de una serie de cursos destinados a los maestros de recién ingreso al nivel de Educación Básica del Estado.

En respuesta a dicha invitación enviada por la Secretaría de Educación Pública, el personal docente de la UAMCEH-UAT y en particular los integrantes del Cuerpo Académico Sociedad y Transporte propusimos cursos que serían impartidos en línea, ante las dificultades de los maestros-alumnos para desplazarse a las aulas de las principales ciudades de la entidad. Entre otros, propusimos el curso-taller "La investigación de campo como base para la reflexión docente", segmentado en cuatro unidades y planificado para desarrollarse durante el transcurso de cuatro semanas.

Para principios de junio ya habíamos iniciado los cursos que sin mayores problemas y de acuerdo a la programación realizada por la Dirección de Educación Continua, concluyeron un mes después con excelentes resultados y con la satisfacción de haber logrado su principal propósito: impulsar la investigación cotidiana en el aula.

A través de la plataforma, diseñada especialmente para los maestros participantes, enviábamos al inicio de cada semana las instrucciones, acompañadas de breves videos y textos académicos localizados en internet que pudieran reforzar la comprensión del proceso que se ejercitaría. Materiales que ahora no adjuntamos, pero que pueden encontrarse en la red.

En el presente documento, exponemos las instrucciones que guiaron los trabajos y una muestra representativa de dieciséis informes, de un total de setenta y cinco, que se presentan en su redacción original, para mostrar las fortalezas y debilidades que dan pauta a la Evaluación Diagnóstica del desempeño de los maestros en cuanto a su capacidad para interpretar, redactar, seleccionar, indagar, explorar y sintetizar.

Aclaramos, que tanto la ubicación, como los nombres de las Instituciones, maestros y alumnos que aparecen en los informes, se reservaron ó modificaron, para evitar cualquier controversia o daño moral, que pudiera suscitarse a raíz de los juicios u opiniones que expresan los diferentes actores, siendo la principal finalidad de esta muestra, exponer un ejemplo de la capacidad investigativa de los maestros de nuevo ingreso al sistema de educación.

Esperamos, que sirva esta publicación para valorar el esfuerzo de los participantes y para generar nuevos cursos que permitan subsanar deficiencias.

Dra. Rosa Gabriela Leal Reyes
Líder del Cuerpo Académico

BIENVENIDA

Breve mensaje al inicio del curso, en la página inicial de la plataforma.

Estimados Maestros: reciban la más cordial de las bienvenidas a este curso taller, que aspira a ser un espacio de indagación y reflexión sobre una de las funciones más extraordinarias del ser humano: la docencia.

El propósito fundamental del curso es que ustedes ejerciten destrezas personales para observar, registrar y analizar hechos que ocurren en el aula, en la institución e incluso en el entorno social como aquellos relacionados con la enseñanza, el aprendizaje, la evaluación y la tecnología.

De esta manera, el énfasis estará centrado en conseguir, mediante el trabajo de campo principalmente, una serie de descripciones vivas sobre la manera en que los estudiantes y ustedes mismos como maestros, experimentan el mundo que les rodea, siguiendo un procedimiento inicial sin ideas teóricas, hipotéticas o preconcebidas.

El resultado de la aproximación real e inmediata experimentada les permitirá obtener un conocimiento consciente y en cierta manera científico que servirá de base para conservar, mejorar o modificar su práctica docente.

INSTRUCCIONES DE TRABAJO

PRIMERA SEMANA
UNIDAD I. PLANTEAMIENTO DEL PROBLEMA

Objetivo: Definir la temática y las preguntas de investigación.

Actividades de la unidad:

Actividad	Tipo	Instrucciones	Puntaje
Comentarios sobre algunos aspectos relevantes de las exposiciones contenidas en los videos	Individual	Vea y escuche con atención los dos videos que se encuentran en el espacio de Recursos Didácticos, de la Plataforma, sobre: "La investigación-acción" y "La investigación-acción en el aula". Hecho lo anterior, ingrese al foro: "La Investigación", que se encuentra también en Recursos Didácticos y participe en el diálogo colectivo, retomando y comentando algunos aspectos del proceso de investigación que se muestran en los videos.	2
Redacción de Un relato general sobre su realidad cotidiana	Individual	Relate, escriba, larga y detalladamente cómo es su grupo, el salón, la escuela, la ubicación, el grado, las edades de sus alumnos, los comentarios de sus alumnos, su propia práctica docente, el aprendizaje, los ejercicios, las opiniones de los padres y de sus compañeros sobre usted y la clase, los horarios y actividades diarias. Todo lo que sea parte de su vida en el aula y en la escuela.	2

Logros y problemas académicos. Los colores, los sonidos de su alrededor. Los pequeños detalles, los grandes sucesos. Todo, de una manera personal y espontánea.

Observe y describa a partir de sus sentidos: vista, oído, olfato, tacto, gusto; desde sus sentimientos para describir emociones y afectos; desde su racionalidad para describir frutos de enseñanza, rendimiento escolar, problemáticas, etcétera.

Ejemplo: ...*mi grupo de tercer año de primaria es muy numeroso, cuarenta niños y niñas en un salón pequeño, son desordenados como todos los grupos que he tenido, pero son buenos, saben a qué vienen a la escuela, a estudiar, a esforzarse, siempre los escucho reír y eso me gusta, creo que es bueno. Los abrazo y los siento y creo que me aprecian y yo también los aprecio. Llego siempre temprano a clase, la escuela está ubicada en la zona centro de la ciudad, una zona donde el ruido del tráfico es común todo el día. En el grupo hemos logrado en las últimas evaluaciones mejores promedios, y esos resultados nos están motivando para seguir estudiando y leyendo mucho...*

Recomendaciones: Escriba el relato en Word, libremente, a renglón seguido, en Arial 12. Primero puede narrar generalidades y después, tal vez pueda agregar detalles nuevos, de cualquier tipo, que vaya recordando. Si al principio tiene dificultades para redactar, pruebe con ideas breves.

Ejemplo: ...*mi grupo es pequeño. Tengo quince alumnos, ocho niñas y siete niños. La escuela está ubicada en el fraccionamiento San Carlos. Hay un grupito muy travieso de niños...*

| Definición de Tema y Título | Individual | Lea el relato que ha escrito y subraye de primera intención, los puntos que más llamen su atención, por ser positivos, brillantes, negativos, deprimentes, preocupantes o por cualquier otra razón. Ya que lo haya hecho, seleccione el que más le guste, más desee tratar, y ese punto será su tema de investigación.

Ejemplo: ...*mi grupo de tercer año de primaria es muy numeroso, cuarenta niños y niñas en un salón pequeño, son desordenados como todos los grupos que he tenido, pero son buenos, saben a qué vienen a la escuela, a estudiar, a esforzarse, siempre los escucho reír y eso me gusta, creo que es bueno. Los abrazo y los siento y creo que me aprecian y yo también los aprecio. Llego siempre temprano a clase, la escuela está ubicada en la zona centro de la ciudad, una zona donde el ruido del tráfico es común todo el día. En el grupo hemos logrado en las últimas evaluaciones mejores promedios, y esos resultados nos están motivando para seguir estudiando y leyendo mucho...*

Recomendaciones: Aunque todos los puntos subrayados le parezcan interesantes (en el ejemplo se han subrayado siete puntos) seleccione solo uno para este curso.

Ejemplo: siempre los escucho reír y eso me gusta. Y ya que lo haya seleccionado, conviértalo en un título. Ejemplo: "La sonrisa de los niños". | 2 |
| Redacción de Un relato especifico, y elaboración de Las preguntas de investigación | Individual | Fije su atención exclusivamente en el tema/título de su interés y escriba todo lo que sobre ese asunto en particular observe, escuche, percibe e intuye en el aula, hasta agotarlo de manera exhaustiva, siguiendo siempre el mismo procedimiento | 4 |

imaginativo y sensorial que se usó para elaborar el anterior relato. Después subraye los puntos que le parezcan interesantes.

Ejemplo:
"La sonrisa de los niños"

En el salón los niños se ríen de todo, de cualquier travesura o de cualquier cosa que ocurre, creo que a veces hasta de nada se ríen. <u>Pero cuando Tomás se ríe todos lo imitan.</u> Las niñas son más discretas, ellas ríen con los ojos, salvo Josefina que lo hace siempre a carcajadas. Clarita no se ríe muy fácilmente, pero cuando lo hace su cara se ilumina... de la que no sé casi nada es de <u>Anita, ella casi nunca juega, ni ríe.</u> Cuando los escucho reír, me contagian y también me río. A veces les pido, con mucha seriedad que me digan <u>por qué lo hacen,</u> entonces se quedan quietos, callados, ponen cara de asustados, pero sin dejar nunca de sonreír. <u>Pienso que les gusta estar en clase y aprender.</u>

A continuación los puntos subrayados conviértalos en preguntas:
¿Por qué cuando Tomás se ríe todos lo imitan?
¿Por qué Anita casi no juega ni ríe?
¿Por qué se ríen los niños?
¿Les gusta estar en el aula?

Recomendaciones: Escriba absolutamente todo lo que perciba, vea y recuerde sobre el tema. No se limite a las observaciones mas generales. Sobre todo, escudriñe las cosas pequeñas, aquellas que a veces pasan inadvertidas.

Respecto a las preguntas, no deseche ninguna de ellas aunque le parezcan ingenuas, superficiales o demasiado simples. Ahora, es común que a las preguntas iniciales le sigan otros cuestionamientos conforme pasen los días y esas nuevas preguntas pueden incluso ser más interesantes, por lo que deben incorporarse.

		Recuerde, que sea cual sea el tema seleccionado, es importante que encuentre alguna vinculación entre éste y la enseñanza, el aprendizaje, la evaluación, ó con cualquier otro aspecto de la educación. En resumen. Al término de la Primera Unidad, usted debe tener y enviar cinco elementos: 1. El relato general (Marco contextual) 2. El tema (Objeto de investigación) 3. El título 4. El relato específico (Delimitación del tema) 5. Las preguntas de investigación	
		Con estas actividades, concluye la fase preparatoria y ya está todo listo para realizar el Trabajo de Campo en la Segunda Unidad.	Total de puntaje de la Primera Unidad: 10

SEGUNDA SEMANA
UNIDAD II. TRABAJO DE CAMPO

Objetivo: Recopilar información para dar respuesta a las preguntas de investigación.

Actividades de la unidad:

Actividad	Tipo	Instrucciones	Puntaje
2.1. Participación en el foro "La investigación", comentando aspectos relevantes de las exposiciones contenidas en los videos	Individual	Vea y escuche con atención los dos videos que se encuentran en el espacio de Recursos Didácticos, sobre: "Enfoque cualitativo, cuantitativo y mixto" y "Técnicas e instrumentos". Hecho lo anterior, ingrese al Foro: "La Investigación", que se encuentra también en Recursos Didácticos y participe en el diálogo colectivo, retomando y comentando algunos aspectos del tema: El Trabajo de Campo, que se señalan en los videos.	2
2.2. Acopio de datos que permitan dar respuesta a las preguntas de investigación	Individual	Durante esta semana se buscarán las respuestas a las preguntas de investigación, mediante algunas actividades realizadas principalmente en la escuela y/o aula. Algunas de las actividades, ideas, técnicas, estrategias, acciones, que pueden ser útiles, como referencia, para su trabajo de campo, son las siguientes: 1. Entrevistas individuales con alumnos, maestros, directivos y padres de familia.	8

2. Conversaciones grupales con alumnos, maestros, directivos y padres de familia.
3. Entrevistas libres, con preguntas abiertas, con preguntas cerradas y/o a profundidad.
4. Diario de campo.
5. Cuaderno de trabajo.
6. Muestreo (tomar una parte representativa del todo)
7. Exploración piloto (explorar primero con una o dos personas)
8. Encuesta total.
9. Cuestionario/test (validados ó hechos por usted) para cuyo análisis deben cuantificarse las respuestas más repetidas.
10. Estudio de caso.
11. Estadísticas, gráficas.
12. Consulta en hemerotecas.
13. Consulta en bibliotecas.
14. Consulta en archivos escolares, históricos, eclesiásticos, Registro Civil.
15. Ejercicios académicos para detectar aprendizajes, habilidades, errores, deficiencias, etcétera.
16. Día de campo en los patios de la escuela.
17. Paseo en el parque.
18. Análisis de películas.
19. Concursos artísticos.
20. Diagnósticos mediante pruebas y/o tests.
21. Exámenes temáticos.
22. Sociogramas para visualizar vínculos entre los alumnos.
23. Sociodramas para visualizar problemáticas personales, familiares y sociales.
24. Juegos para observar las formas de socialización.

25. Competencias para detectar relaciones de poder.
26. Lecturas para evaluar niveles de comprensión.
27. Experimentos para conocer las reacciones de los alumnos en diferentes circunstancias.
28. Consulta de bases de datos, como calificaciones de diferentes grados y períodos para graficar y analizar curvas diferenciales.
29. Analizar listas de asistencia.
30. Grabar en audio algunas lecturas que hacen los alumnos para que ellos mismos puedan escuchar y detectar sus logros y errores.
31. Grabación de videos para que los alumnos se observen haciendo alguna actividad académica y lo comenten en grupo.
32. Simulacro de profesiones, donde los alumnos representen lo que desean ser en el futuro.
33. Héroes favoritos.
34. El alumno como maestro enseñando a sus compañeros algún tema del programa para detectar formas en que ellos enseñan y entienden los temas.
35. Bailes para detectar su grado de motricidad, alegría, compañerismo.
36. Ejercicios matemáticos.
37. Análisis de escritura/motricidad.
38. Análisis de edad, estatura, peso, obesidad.
39. Cuentos.
40. Álbum familiar.
41. Sueños, pesadillas.
42. Canciones favoritas.
43. Dibujos.
44. Etcétera.

La lista que le mostramos son solo algunas ideas. Es muy importante que usted ponga en práctica la estrategia que considere totalmente idónea para su trabajo de campo. Esta parte de la investigación depende de su capacidad para observar, innovar e improvisar.

A la hora de escoger los métodos, técnicas e instrumentos, seleccione aquellos que encajen mejor, en forma lógica y natural, en la búsqueda directa ó indirecta de sus respuestas.

En el trabajo de campo no hay una fórmula exclusiva para trabajar, y por lo tanto, puede usted combinar las estrategias que desee, cuantitativas y/o cualitativas. Lo importante es que logre obtener respuestas válidas a sus preguntas

Por otro lado, siempre debe procurar, independientemente de las técnicas que utilice, no presionar, modificar o sesgar la vida escolar cotidiana, porque eso puede ocasionar que sus resultados resulten incorrectos, falsos o artificiosos.

Ahora, le enumeramos algunos ejemplos sencillos de rutas de investigación de campo:

Ejemplo 1. La sonrisa de los niños.
A la maestra Adriana, en el segundo año de primaria, le llamaba la atención que los niños imitaban la risa, y que mientras algunos niños reían mucho, otros no tanto. Así que decidió hacer alguna exploración sobre el asunto.
¿Por qué cuando Tomás se ríe todos lo imitan?

- *Para saber más, inicialmente generaría un ambiente divertido en el aula y anotaría en el diario de campo si se mantenía siempre la misma situación. Es decir, debía observar si a Tomás lo seguían siempre y en todo caso los demás niños. Si fuera así, después platicaría con los niños para saber la razón.*

¿Por qué Anita no se ríe?
- *Planeó observar si durante el mismo ambiente (muy divertido) Anita seguía sin reír. Si fuera así, entonces debía tener una conversación (grabada) más a fondo con ella, con sus padres y con otros maestros, y así tratar de conocer la razón de su mutismo.*

Ejemplo 2. Integración de grupo.
La maestra Rosy, en primer año de primaria observó que algunos alumnos se mostraban retraídos socialmente en el aula, así que realizaría un poco de trabajo de campo para cerciorarse si ocurría lo mismo durante el recreo.
¿Los niños retraídos tampoco socializan con sus compañeros en el recreo?

- *Observaría cómo se agrupaban sus alumnos en el recreo durante tres o cuatro días.*
- *Cada día, registraría en su diario de campo, sobre un croquis de la escuela, una serie de esquemas de quiénes, dónde y qué hacían los diferentes grupitos de alumnos y alumnas, para conocer mejor las formas de integración y desunión en su grupo.*

Ejemplo 3. Maestros Asociados.
El maestro Federico sabía de un problema en la preparatoria. Había exceso de maestros en la escuela (superávit) y muchos de ellos quedaban sin grupo, y al mismo tiempo, muchos maestros asignados a grupos, con frecuencia no asistían a sus labores (falta de clase). Entonces exploró una posible propuesta para solucionar ambos problemas. ¿Cómo resolver el superávit y al mismo tiempo la falta de clase en los grupos?

- *Planeó, que primero y en forma individual impartiría una clase con una temática específica para evaluar los resultados mediante un examen.*
- *Después impartiría en otro grupo de las mismas características la misma lección pero junto con otro maestro, voluntario, que tuviera una especialidad similar o complementaria a la suya. Posteriormente documentaría la experiencia didáctica y con todos esos datos probablemente podría argumentar un plan de acción docente para darle solución al superávit y a la falta de clases: dos maestros en un mismo grupo. Lo que implicaría revisar el reglamento legal de trabajo.*

Ejemplo 4. Tipos de familias.
La maestra Susy, en preescolar, con niños de cinco años, observó que algunos de ellos tenían dificultades para adaptarse al grupo, por lo que decidió investigar a fondo.
¿La conducta de los niños obedece al tipo de familia a que pertenecen?

- *Aplicaría un extenso cuestionario a la totalidad de los padres de familia para saber en qué tipo de familia vivía uno de sus alumnos (democrática, autoritaria, delegante...) y así recopilar datos que le permitieran saber si había alguna vinculación entre el tipo de familia y la conducta escolar, para tomar posteriormente las acciones docentes pertinentes.*

Ejemplo 5. Hiperactividad.

El maestro Esteban observó en su grupo de primaria, que dos de sus alumnos eran sumamente traviesos e inquietos. Entonces decidió buscar elementos para saber como resolver la situación y mejorar el ambiente grupal.

¿Las conductas de Javier y Ramón estaban en un nivel de hiperactividad normal o requerían de alguna atención especial?

- *Primero buscaría entrevistarse con el doctor y con la psicóloga del nivel para conocer más sobre los síntomas de la hiperactividad.*
- *Después, realizaría en el aula una serie de ejercicios que requieren de silencio, concentración y atención, para recopilar más datos sobre las reacciones de los dos alumnos. De ese modo, estaría mejor preparado para emprender algunas acciones de apoyo.*

Ejemplo 6. Baja autoestima.

En la primaria rural, la maestra Yolanda percibía que su grupo padecía de baja autoestima. Los niños eran demasiado pasivos y generalmente no reinaba la alegría entre ellos. ¿Podía hacer algo?

Decidió que sí, que debía hacer algo al respecto. Consultó libros, programas para elevar la autoestima y así fue considerando algunas opciones: formar con sus alumnos una banda de música, un equipo de fútbol, un coro, sin embargo, cuando vió una película donde la vida "acabada" de un grupo de ancianas se transformó positivamente cuando publicaron un calendario grupal vestidas de jovencitas, pensó que era una buena idea para su grupo. En vísperas del día del niño, pidió a sus alumnos que se vistieran de superhéroes, les tomó una foto en grupo, les repartió copias hechas en la impresora escolar y colocó una foto grande en el Periódico Mural. Fue un éxito, mejoró la autoestima de sus niños y la vida escolar del grupo cambió.

Recomendaciones:
Tome en cuenta que solo tiene una semana para concluir con esta parte del curso, por lo que debe planear de preferencia una estrategia segura y rápida de indagación con lo que tenga disponible, con lo que tenga a mano. Si el tiempo no alcanza para atender todas las preguntas, puede concentrarse en aquellas que considere más relevantes, por esta ocasión.
Recuerde que "la labor en terreno" lo llevará a conocer más profundamente el caso, y debido a ello podría surgir algún asunto inesperado e interesante. Si fuese el caso, le sugerimos no perder la ocasión para abordarlo, generar nuevas preguntas y darles respuesta. En este sentido debe agudizar su capacidad de observación y poner atención en todo lo que vaya pasando frente a usted.

Ejemplo: *El maestro Pepe, un maestro de tercer año de primaria investigaba "Causas de la indisciplina de los alumnos" y acabó por realizar una investigación sobre "El significado de las malas palabras en los niños", explicando que en la mayoría de las ocasiones, para los niños "las palabras altisonantes" ó "malas palabras" tenían connotaciones no maliciosas (dato que supo al platicar, al abordar el tema con sus alumnos, sin dejar de aclarar que primero tuvo que vencer la resistencia de ellos para participar con él en un tipo de charlas con palabras malas), situación que lo llevó a estudiar más a fondo el problema de la conducta y el lenguaje y le permitió posteriormente exponer su trabajo en foros internacionales.*

Ahora bien, es importante que documente todo lo que haga. Que guarde todos los datos recopilados, en forma impresa o electrónica, en un archivo de cartón ó en la computadora.
Si hace grabaciones de audio, las transcripciones se harán tal y como se escuchan. Si son ejercicios, los explicará tal y como ocurrieron, dónde sucedieron, a qué hora, con quiénes, qué resultados se obtuvieron. Cualquier acción de campo que realice, la explicará exactamente tal y como se presentó.

De este modo, usted realizará un trabajo de campo, que le dará:
- Datos numéricos, gráficos, bases de datos, listados... (Método Cuantitativo)
- Datos narrativos, imágenes, observación... (Método Cualitativo)

En la actualidad, ambos métodos son perfectamente aceptados y utilizados por separado o en forma conjunta, combinada, complementaria y flexible.

Ejemplo: *El departamento de orientación de la Secundaria Número Uno recopiló datos de deserción de los últimos diez años con datos de la oficina de control escolar y estadísticamente (datos cuantitativos) comprobó que por año desertaba un promedio de veinte alumnos. Entonces se preguntaron: ¿Cuáles serían los veinte alumnos que desertarían al final de ese año escolar? Iniciaron una búsqueda de datos: número de materias reprobadas, inasistencias, reportes, etcétera (datos cuantitativos) de los alumnos irregulares y con esa base perfilaron los nombres de cincuenta posibles desertores. Pero al llegar a esta parte, los números ya no les decían mucho, así que iniciaron una fase de entrevistas (método cualitativo) con los cincuenta alumnos y de ese modo perfilaron la lista de los veinte candidatos a desertar ese año. Así, para esos veinte alumnos principalmente, y en forma complementaria para los otros treinta, se planearon círculos de estudio y acompañamiento, con el fin de detener la deserción escolar. Como podrá verse, aquí se complementaron los dos métodos: cuantitativo y cualitativo.*

En términos prácticos, es recomendable que haga lo más pronto posible el primer ejercicio de campo que juzgue conveniente y así pueda darse tiempo, si fuese necesario, de volver a repetirlo con las modificaciones pertinentes, reforzar ó comprobar los resultados mediante otras estrategias e incluso cambiar de procedimiento.

El requisito indispensable para que su trabajo sea considerado científico, es que el método o estrategia que siga, por más sencillo que sea, tenga un grado de rigor mínimo aceptable, es decir, que el levantamiento de datos se haga de manera clara, sistemática, comprobable y éticamente confiable. En otras palabras, que no se adopten prejuicios, fantasías o imaginaciones, como evidencias verdaderas.

Todo lo que describa por escrito sobre su trabajo de campo debe corresponder a los datos conseguidos y observados de manera cierta y objetiva.

En resumen:
Al término de esta Unidad usted contará con dos nuevos elementos:
1. Las respuestas a las preguntas.
2. El archivo de datos que respalda dichas respuestas.

		Con esta actividad concluye la etapa de Trabajo de Campo y ahora todo está listo para realizar algunas consultas teóricas en la Tercera Unidad.	Total de puntaje de la Segunda Unidad 10

TERCERA SEMANA
UNIDAD III. REVISIÓN TEÓRICA

Objetivo: Contrastar/comparar resultados.

Actividades de la unidad:

Actividad	Tipo	Instrucciones	Puntaje
3.1. Participación en el foro "La investigación", comentando aspectos relevantes de las exposiciones contenidas en los videos	Individual	Vea y escuche con atención el video que se encuentra en el espacio de Recursos Didácticos, sobre: "El Marco Teórico". Hecho lo anterior, ingrese al Foro: "La Investigación", que se encuentra también en Recursos Didácticos y participe en el diálogo colectivo, retomando y comentando algunos aspectos del tema.	2
3.2. Búsqueda de datos publicados sobre el tema	Individual	Durante esta semana indagará sobre el estado de la cuestión que guarda su tema, es decir, buscará lo que se ha escrito sobre su tema y cómo han respondido otros investigadores a preguntas similares a las suyas. Además, con las lecturas, podrá enriquecer su conocimiento en materia de: • Lenguaje técnico del tema, y • Explicaciones y derivaciones del mismo.	8

Puede usted buscar, principalmente en:

- Libros
- Artículos
- Textos
- Tesis de licenciatura
- Tesis de maestría
- Tesis doctorales

A través de:

- Bibliotecas
- Google, Google académico
- CONRICYT
- COPÉRNICO
- Etcétera

Los datos que considere útiles como significados, términos, explicaciones, teorías, enfoques, métodos, etcétera deberá copiarlos (junto con los datos de la fuente: título del artículo, autor, fecha) y concentrarlos en un espacio titulado: **Revisión teórica.**

Ejemplo:

En cuanto al tema "La sonrisa de los niños" se encontró en Google la tesis: "Los beneficios del humor en cuanto a la adecuación del espacio y la construcción de relaciones interpersonales generadas dentro de una comunidad educativa". Romina Calderón López. Escuela de Educación de parvularios, de donde se extrajeron los siguientes párrafos, que nos dan alguna información adicional sobre los beneficios de la risa:

...Por ende, esta tesis busca dar a conocer los beneficios del humor, e investigar sobre éstos en el plano educativo, sin dejar de lado la relevancia que éste tiene en los sujetos y por lo tanto en la construcción de buenas relaciones interpersonales y de ambientes positivos que se puedan

generar gracias a la inclusión del buen
humor, teniendo presente que el llevarlo a
cabo es una innovación en la pedagogía,
refiriéndonos a éste "tanto a los procesos
como a los cambios consolidados en las
ideas, materiales y practicas (...) se trata
de introducir en la realidad educativa
nuevas dinámicas que alteran las ideas,
concepciones, metas, roles, contenidos,
metodología, organización espacial
o temporal, recursos o evaluaciones."
(Torre. S.1997: 46). La importancia de una
metodología innovadora en la educación
y de lo positivo "no debe verse sólo como
una parcialidad a través del desarrollo de
ciertos recursos curriculares, sino también
como un "todo mayor", que entrega nuevas
perspectivas tanto a la concepción del ser
humano – de las niñas y de los niños y
de los educadores-" (Peralta M. V. 2002:
278). Esta investigación será realizada
bajo un paradigma cualitativo, la cual
vinculará el argumento documental
y el trabajo de campo. El primero de
éstos se realizará mediante la revisión
de textos y documentos, y el trabajo de
campo consistirá en realizar entrevistas
semi-estructuradas a informantes claves
que tienen una estrecha relación con el
humor en la educación, entre ellos se
destaca a Jesús Damián Fernández Solís,
Educador; Pepe Pelayo...

En la información teórica recopilada
puede encontrar datos de interés. En la
información anterior se ha subrayado una
porción interesante. Ahora debe copiarla
y colocarla aparte junto con los datos de
la autoría.

Ejemplo:

"la construcción de buenas relaciones interpersonales y de ambientes positivos se puedan generar gracias a la inclusión del buen humor, teniendo presente que el llevarlo a cabo es una innovación en la pedagogía" (Calderón López)

Es posible que los datos que encuentre solo sirvan para darle idea de cuál es el estado de la situación teórica que guarda su tema, y no para modificar en modo alguno su propio trabajo de investigación, que será importante dar a conocer, tal y como lo realizó, para compartir con otros investigadores lo que usted está haciendo en beneficio de sus estudiantes y sirva de referencia en cualquier parte del orbe.

En ocasiones, el investigador está más interesado en los aspectos históricos del tema (Marco Histórico), en teorías y enfoques (Marco Teórico), en conceptos, definiciones e interpretaciones (Marco Conceptual), ó en reglamentos y leyes (Marco Legal).

Por ahora, se ha trabajado en una breve Revisión Teórica, para efectos del propio curso.

Ahora, podrá usted dedicar la semana a explorar la literatura y al mismo tiempo reflexionar, analizar, sobre lo encontrado en el Trabajo de Campo, para ir preparando tanto las conclusiones como las acciones ó propuestas prácticas que servirán para solucionar, mejorar ó perfeccionar su práctica docente.

		En resumen: Ahora usted contará con un nuevo elemento: 1. Revisión Teórica.	
		Con esta actividad concluye la etapa de Revisión y contrastación de datos teóricos, y está todo listo para la redacción de las conclusiones y el informe final.	Total de puntaje de la Tercera Unidad: 10

CUARTA SEMANA
UNIDAD IV. CONCLUSIONES E INFORME FINAL

Objetivo: Concluir, elaborar y publicar el Informe de Investigación.

Actividades de la unidad:

Actividad	Tipo	Instrucciones	Puntaje
4.1. Participación en el foro "La investigación", comentando algún aspecto relevante de la exposición contenida en el video	Individual	Vea y escuche con atención el video que se encuentra en el espacio de Recursos Didácticos, sobre: "La publicación", ingrese al Foro: "La Investigación", que se encuentra también en Recursos Didácticos y participe en el diálogo colectivo, comentando algún aspecto del mismo.	1
4.2. Elaboración del Informe de investigación	Individual	Durante esta semana redactará la Conclusión, Acción Docente y algunos Comentarios Finales. La Conclusión deberá ser redactada en forma concisa y clara, enfocándola directamente en el conocimiento ó convencimiento obtenido a través de la investigación de campo y la contrastación teórica.	9

Ejemplo:
Un ambiente de alegría en el aula propicia relaciones positivas de aprendizaje.

Asimismo, expondrá la consecuente Acción a seguir para mejorar la práctica docente:

Ejemplo:
Durante el ciclo escolar se organizarán festejos de cumpleaños en el aula, actividades recreativas con fines educativos, juegos para el aprendizaje y toda actividad que genere un ambiente de alegría y aprendizaje en el grupo.

A continuación, integrará el Informe de Investigación con el material ya obtenido y archivado, en el siguiente orden:

- Portada
- Marco Contextual (Relato general)
- Delimitación del Tema (Relato específico)
- Preguntas de Investigación
- Trabajo de Campo
- Revisión Teórica
- Conclusión
- Acción Docente
- Comentarios personales

Así, con lo anterior hemos terminado un curso que esperamos haya encontrado usted sencillo y de fácil instrumentación.

Nos despedimos, con la seguridad de que seguirá con su labor docente, contribuyendo a la formación de mejores personas.

Total de puntaje de la Cuarta Unidad: 10

RESULTADOS OBTENIDOS

1
"RAZONAMIENTO MATEMÁTICO"

(PRIMERA SEMANA)

MARCO CONTEXTUAL

Mi grupo es el segundo grado "A", cuenta con 34 alumnos, está ubicado en un salón de madera y cuenta con un aire acondicionado. Mi nombre es Alejandra y la escuela primaria donde laboro se llama "Nueva Creación" y es una escuela de Tiempo Completo, se encuentra ubicada en la colonia El Campanario en el municipio de Reynosa, Tamaulipas.

Los niños y niñas de mi salón son curiosos, con personalidades tan distintas que son una rica mezcla a la hora de conocerles, sus edades son de 8 a 9 años.

Tengo un grupo de chicas muy listas, un grupo de chicos muy traviesos, los distraídos, las introvertidas y uno que otro que llora aún. Son ocurrentes, hay temas en que los comentarios no se dejan esperar como cuando hablamos de la comunidad, de los valores, de las autoridades dentro y fuera de la escuela, de los deberes, las obligaciones o derechos, cuentan experiencias o cosas que sus padres comentan en casa.

Soy un ejemplo para ellos por eso inicio mi clase a tiempo con un saludo cordial. Un abrazo espontáneo siempre surge de ellos, un obsequio sobre el escritorio se deja ver a muy temprana hora. El grupo ha avanzado mucho, ha mejorado su nivel de lectura. Niños que en un inicio no leían, pudieron despegar a lo largo de los primeros meses del ciclo. Los alumnos se apoyan entre ellos, son ruidosos, comunicativos y se cuestionan continuamente. Se les dificulta la concentración en las actividades, muy platicadores. Son lentos para realizar ejercicios, <u>se les dificulta el razonamiento matemático</u>.

DELIMITACIÓN DEL TEMA.

Los niños en la clase de matemáticas tienden a actuar antes de pensar y leer sobre cualquier problema que se les plantea en las actividades. Por apresurarse a revisar solo escriben lo primero que les viene a la mente como respuesta a un problema planteado, no revisan, no hacen operaciones. Cuando les cuestiono sobre su respuesta, la mayoría no sabe el "por qué" colocó esa cantidad. Operaciones simples para resolver un problema razonado se les dificulta al no entender qué deben realizar para llegar a esa respuesta. Pienso que no saben identificar los datos que les ayudarán a resolver el problema. A pesar de que intentan apoyarse entre ellos, no razonan acerca de cómo uno de ellos resolvió el problema, así que a pesar de contestar uno bien, los siguientes problemas no los pueden solucionar.

PREGUNTAS DE INVESTIGACIÓN.

1. ¿Por qué los alumnos actúan antes de pensar y leer correctamente un problema?
2. ¿Por qué no comprenden su respuesta?
3. ¿Por qué no identifican datos que les lleve a la resolución de un problema?
4. ¿Por qué no aprenden?
5. ¿Por qué no realizan operaciones?
6. ¿Por qué no visualizan los datos?

(SEGUNDA SEMANA)

TRABAJO DE CAMPO.

En el grupo de segundo grado observé la dificultad que tienen para el razonamiento matemático, por ello, se plantearon las siguientes preguntas y se tratará de darles respuesta mediante las siguientes estrategias.

1. ¿Por qué los alumnos actúan antes de pensar y leer correctamente un problema?
   - Se realizará un ejercicio de cálculo mental para observar la participación espontánea de los alumnos. La participación grupal me permitirá interactuar y detectar en la dinámica a los niños con mayor dificultad para llegar a una respuesta.
2. ¿Por qué no comprenden su respuesta?
   - Se analizarán con ellos los resultados así como los datos de cada ejercicio. Los motivaré a participar y relacionar los datos con situaciones cotidianas para llegar a la comprensión.
3. ¿Por qué no identifican datos que les lleve a la resolución de un problema?
   - Para lograr identificarlos se escribirá un problema razonado en el cual extraeremos datos y formaremos columnas. (Datos, fórmula, operación, resultado)
4. ¿Por qué no aprenden?
   - Con una dinámica de razonamiento matemático se intentará identificar la raíz del problema, ¿en qué fallan o se les dificulta más?
5. ¿Por qué no realizan operaciones?
   - Se aplicarán dos casos distintos en los cuales se debe aplicar la suma, la multiplicación y la resta, y cuestionaré de manera oral por qué se debe realizar en cada caso dicha operación.

Durante las clases semanales de matemáticas apliqué la dinámica y los problemas razonados.

Durante los problemas razonados detecté la poca comprensión del alumnado sobre los datos que se plantean en cada problema, es decir, no identifican cual utilizar si existe en él la suma, la resta o multiplicación. Algunos solo realizaban la suma, otros más llegaban a la multiplicación pero no la resolvían correctamente.

Se les facilitó un poco al ayudarles a identificar los datos y colocarlos por separado para poder saber qué operación realizar. Sin embargo, muchos no pudieron completar dichas operaciones. Por ello pude identificar por qué no realizan las operaciones y solo colocan el resultado que ellos creen correcto.

Al realizar la dinámica en la cual los niños competían contra las niñas, les expliqué que les daría un número y ellos continuarían sumando el mismo número, si les tocaba el cinco ellos dirían 10 y el siguiente niño 15, así sucesivamente hasta que uno se equivocara, dependiendo de quién se equivoque le tocaría el número al otro grupo.

Todo lo aplicado lo fui recopilando, con las conversaciones individuales de por qué colocaban cierto resultado, logré identificar su dificultad para las operaciones; con la conversación grupal pude ver que no sabían qué operación iban a realizar. Con su cuaderno de trabajo se aplicaron varios ejercicios elevando y bajando la dificultad de los problemas planteados. Por último, las dinámicas me arrojaron la más grande dificultad: el escaso manejo y conocimiento de las tablas de multiplicar.

Al no dominarlas no pueden aplicarlas en las multiplicaciones, al plantear un razonado donde deben aplicarlas, saber qué cantidad multiplicada por un número da cierta cantidad para resolver de manera correcta un planteamiento, lo desconocen.

(TERCERA SEMANA)

REVISIÓN TEÓRICA.

Al realizar la investigación *"Dificultad sobre el razonamiento matemático"* me llevó a comprender que la dificultad presentada en el alumnado eran las tablas de multiplicar, por ello se consultaron diversas fuentes para ampliar los conceptos y darle una base teórica a la investigación.

En la búsqueda de información referente a las tablas de multiplicar nos encontramos el artículo: "5 Motivos por lo que los niños tienen dificultades para aprender a multiplicar" describe que el alumno pasa por una incomprensión de conceptos y en lugar de reforzarlo se le dan nuevos para aprender. Se le presentan problemas que no son llevados a la vida cotidiana y le resultan poco familiares. No se tienen los recursos para interactuar con el alumno y motivarlo. Los alumnos presentan diferentes tipos de aprendizaje con sus respectivos tiempos así como las distintas formas de dirigirse a ellos. (Malena: 2017)

Malena nos da la idea del proceso que pasa el alumno y 5 motivos por los cuales no se logra el aprendizaje, orientándonos a la mejora de las actividades que se realizan en el aula, definiendo como base el buen entendimiento de los conceptos matemáticos aterrizándolos en lo cotidiano y dándole una importancia mayor a la interacción de recursos con el fin de motivar al alumno.

Observamos la tesis "Estrategias metodológicas en el proceso lógico-matemático de los estudiantes" que nos presenta los avances tecnológicos y métodos de enseñanza que pueden aplicarse a estrategias que innoven la enseñanza hacia los alumnos. Nos ayuda a comprender por qué el alumnado escasea en conocimientos útiles para el razonamiento lógico matemático, nos explica formas en las que llevamos los aprendizajes erróneamente y sus consecuencias. Nos motiva a la aplicación de estrategias tomando en cuenta los procesos errados, aplicando conocimientos científicos. (Ing. José Baño: 2015)

Por último, se consultó la tesis "La enseñanza de la multiplicación a través de los arreglos rectangulares" (Diana Arenas, Karla Cortes: 2005) se dice que para enfrentar las dificultades que presentan los niños en el aprendizaje de las matemáticas, distintos autores (Geay, en Azcárate, Cañizares, Cardeñoso, Carrillo, Castro, Contreras, 2001) proponen vincular los conocimientos matemáticos que los niños construyen en su vida diaria con aquellos contenidos que promueve la escuela, evitando que dicha inclusión sea el origen de dificultades suplementarias (Hahn, 199). Otros autores han señalado que el diseño de situaciones didácticas en las cuales los niños apliquen y expresen opiniones confrontando estas con compañeros para identificar los procedimientos más eficaces para la resolución de problemas. (Charnay 1998).

Se resalta la importancia de utilizar material didáctico con un contexto de juego para el aprendizaje de contenidos matemáticos (Basseas, 1991; Duhalde y González, 1997).

(CUARTA SEMANA)

CONCLUSIÓN GENERAL.

Al desarrollar las dinámicas, se pudo observar que la importancia radica en la enseñanza de las tablas de multiplicar pues conlleva a la fácil resolución de problemas razonados.

En el razonamiento matemático se requiere de una sencilla solución sobre un problema específico. En el aula se observó con sencillas prácticas adecuadas al nivel del grado en que se aplicó, que aún utilizan los dedos para resolver simples sumas, se da por entendido que su cerebro no está en la disposición para prácticas sencillas sin utilizar instrumentos que nos lleven a un resultado.

ACCIÓN DOCENTE.

Se pretende llevar al aula un mejoramiento en cuanto a dinámicas para la mejora en el uso de las tablas de multiplicar, dejando que el alumno experimente situaciones más reales donde se logre llegar a ese aprendizaje.

COMENTARIOS FINALES.

En lo personal la investigación me ayudó a no perder de vista el mejoramiento de mi práctica, estar pendiente siempre de las dificultades que se van presentando conforme avanza el ciclo escolar y jamás dejar de observar al alumnado para poder detectar los obstáculos que se les están presentando.

2
"JUEGOS DE DESTREZA"

(PRIMERA SEMANA)

MARCO CONTEXTUAL

La institución educativa donde laboro lleva por nombre "Escuela Primaria Josefa Ortiz de Domínguez" perteneciente al ejido La Retama a orillas de la Ciudad de Reynosa, Tamaulipas. Mi nombre es Daniel, atiendo el grupo de 5°A, por lo que sus características contextuales se mencionan de la siguiente manera:

Geográfico

El Ejido la Retama se encuentra al sur de la Ciudad de Reynosa, cerca de la carretera número 97, cuenta con servicios básicos como lo es electricidad, agua entubada, excusado o sanitario, además del servicio de internet. Así mismo dispone de escuelas como son la primaria Josefa Ortiz de Domínguez, Preescolar Mario Moreno Cantinflas y Secundaria Rodolfo Treviño Castillo.

Escolar

La institución educativa posee como dirección "La Retama", es una escuela rural de organización completa y de turno matutino, con un total de 275 alumnos y con clave del centro trabajo 28DPR0816W.

Con respecto a la infraestructura, goza de una supervisión, una dirección, nueve aulas destinadas a los grupos que atiende, todos equipados con sistema de enfriamiento, una biblioteca, un auditorio, un techo de lámina, un desayunador, baños (adaptados para alumnos con discapacidad motriz), una cancha de futbol rápido, una cancha de tierra y una cooperativa.

En su organización de personal cuenta con un director, doce docentes (tres atendiendo el área de inglés y nueve titulares frente a grupo), dos administrativos (intendente y quien atiende la cooperativa).

Aula

El grupo de investigación corresponde a quinto grado grupo "A" con un total de treinta y un alumnos, de los cuales dieciséis son hombres y quince mujeres entre 9 y 10 años de edad. Así mismo se detectaron a tres alumnos con dificultades visuales, dos alumnos que no han consolidado el proceso de escritura en un nivel alfabético.

Han demostrado que la mayoría del grupo posee un canal de percepción favorito de carácter auditivo y visual.

Los alumnos gustan de juegos de observación, razonamiento y estrategia que demuestren una destreza mental, como son el ajedrez, damas inglesas, sudoku o cuadro mágico, sopa de letras y crucigramas. Además de lo anterior dos alumnos disfrutan de la lectura, se puede agregar que presentan agrado ante la literatura de Julio Verne.

La capacidad intelectual de los alumnos con base en los resultados de exámenes bimestrales demuestra que en su diagnóstico el 6.45% aprobó el examen de los cuales español y matemáticas son las asignaturas con una menor cantidad de alumnos aprobados.

La mayoría de los alumnos externan dificultades con actividades relacionadas con la motricidad fina, evidente al momento de elaborar alguna manualidad en la asignatura de artística y en su caligrafía.

En el campo social-afectivo no presentan dificultades para establecer interrelaciones y que se demuestran en una de sus características más destacadas, la cual corresponde a conversar constantemente durante las clases, así mismo se ha comprobado que los alumnos en su totalidad son honestos y respetuosos.

La particularidad de los padres de familia ha indicado que en su totalidad le dan prioridad a la disciplina, la cual se refleja en el comportamiento de los alumnos, sin embargo, no todos están al pendiente del desempeño académico de sus hijos, algunos casos por el nivel educativo de los padres, lo cual impide apoyarlos con sus tareas, en otros por la falta de tiempo ocasionado por el trabajo, debido a que predomina entre los padres de familia el trabajo de obrero en industrias de manufactura, además de agregar que en su mayoría pertenecen a familias desintegradas, es decir, madre soltera o se encuentran a cargo de un tutor (algún familiar).

DELIMITACIÓN DEL TEMA.

No todos los alumnos pasan al desayunador a recibir sus alimentos debido a que llevan lonche, la primera vez que los dejé solos para cuidar a los del desayuno (debido a que son mayoría) los alumnos que se quedaron en el salón comenzaron a correr y jugar dentro del salón, lo cual generó disturbios a pesar de haberles dejado trabajo para evitar dicha situación. Al día siguiente para entretenerlos con más efectividad mientras sus compañeros terminaban de almorzar en el desayuno llevé un tablero de ajedrez, de damas inglesas, un libro de sudoku y sopas de letras, varios libros que había leído de Julio Verne (Viaje al centro de la tierra, 20 mil leguas de viaje submarino y La vuelta al mundo en 80 días). Al momento de llegar por la mañana y mostrarles a algunos de los alumnos lo que les había llevado 5 alumnos, 3 de ellos de los más altos de desempeños académico y los otros 2 con un rendimiento medio, se acercaron preguntando insistentemente como se jugaba el ajedrez por lo cual expliqué las reglas básicas y algunas estrategias para jugarlo, al principio tenían dificultades para comprender la dinámica del juego.

Mientras tanto, otro alumno se acercó a pedirme el libro de "Viaje al centro de la tierra" me preguntó que de qué trataba a lo cual solo le di ciertas referencias buscando emocionarlo con su contenido, respondiendo positivamente. Los demás alumnos optaron por el sudoku y sopa de letras. Al momento de llegar la hora del desayuno organicé a los alumnos que se quedarían en el salón y me retiré, al regresar mi sorpresa fue que todos estaban tan concentrados en las actividades que no querían que el tiempo se acabará.

Algunos de los alumnos me pidieron prestado el juego de ajedrez en horarios extra clase como en el recreo y antes de la entrada a clases, pude observar como más de un espectador veía y aconsejaba en cómo mover las piezas para generar una estrategia, podía escuchar sus voces llenas de alegría y emoción al ver como se acercaban cada vez más a la victoria de un juego. En una semana, podía observar cómo los alumnos se organizaban para hacer sus propias partidas de ajedrez durante el recreo.

El alumno que me pidió la novela de Julio Verne me pidió el libro para leerlo en casa, lo cual accedí, para cuando terminó le hice varias preguntas con relación al libro, a lo cual contestaba con elocuencia, y así como terminó el libro pronto me pidió que si no tenía más libros, de esta manera le llevé los libros que tenía en casa para que los viera y escogiera el que más le gustara y siguiera leyendo.

PREGUNTAS DE INVESTIGACIÓN

- ¿Por qué tenían dificultades para comprender el juego?
- ¿Por qué estaban tan concentrados?
- ¿Cómo influyó en las asignaturas el jugar este tipo de juegos?

(SEGUNDA SEMANA)

TRABAJO DE CAMPO

¿Por qué tenían dificultades para comprender el juego?

Instrumento: entrevista abierta y ficha de registro (criterio como mueven las piezas del tablero durante el juego).

Dentro de la observación se argumenta que una de las dificultades al momento de iniciarse en el juego de ajedrez, es comprender el movimiento de las piezas, debido a que esto ocasiona problemas para identificar la estrategia necesaria para mover la pieza correcta, lo cual se identifica con la siguiente respuesta del alumno A1 en una entrevista abierta, "cuando empecé a jugar se me hacía difícil por que no le entendía muy bien cómo se movían las piezas, sobre todo las más poderosas, ni como hacerle para que no me mataran, pero ya después que supe, fue bien fácil ahorita casi no me ganan"(alumno A1, E1,12 de junio del 2017). Esta misma justificación coincide con la del alumno A2 el cual indica que su principal dificultad ha sido conocer el movimiento de las piezas argumentando que "es que se me hacía bien difícil por que no le entendía como se movían y a cada rato me equivocaba" (alumno A2, E2, 12 de Junio del 2017).

Así mismo, la observación de una jugada de ajedrez entre un alumno con experiencia y uno con pocos días de haber iniciado (alumno A1 y A3) demostró el escaso o profundo análisis al momento de realizar un movimiento, el cual se demuestra en la siguiente cita de la ficha de registro, "el alumno A1 mueve el caballo a la casilla G3, al ver esto el alumno A3 desliza su peón a la casilla B6 haciendo un movimiento invalido en el juego, a lo que el alumno A1 le corrige diciendo que ese movimiento es equivocado que solo puede avanzar hacia adelante, a lo cual le contesta haaaa, y corrige su jugada" "en la partida el alumno A3 ha lanzado al frente todos sus peones, no ha utilizado ninguna pieza que poseen más movimientos que el peón, lo cual el alumno A1 aprovecha para avanzar y acabar con sus piezas, (la mirada del alumno A1 es fija al tablero)" (Ficha 1, 10:40am, 13 de junio 2017).

Durante la jugada de ajedrez se pudo observar que el alumno con menor experiencia movía las piezas, al parecer las que conocía mejor su movimiento, sin embargo, la escasa visión espacial del tablero con relación al movimiento de las piezas de su oponente evidenciaba que no poseía una estrategia para jugar.

¿Por qué estaban tan concentrados?

Entrevista abierta.

El jugar este tipo de juegos ha demostrado poseer un grado de concentración mayor que lo llevan a analizar los movimientos de su oponente con la intención de anticiparse, además de utilizar su visión espacial para identificar los movimientos posibles de sus piezas y las de su oponente, lo cual se puede rescatar de la entrevista al alumno A1 "cada vez que juego primero siempre trato de acabar con sus piezas más poderosas, para que no me vaya a ganar. Entrevistador: ¿y cuáles son esas piezas?; Alumno A1: haaa pues la reina, las torres, el alfil y los caballos. ¿Por qué lo haces de esa manera?; Alumno A1: Por que así tiene menos oportunidad de atacarme" (alumno A1, E1, 12 de junio del 2017), considerando que el alumno A1 lleva un mes jugando ajedrez, se puede decir que ha elaborado su propia estrategia de juego con base en el movimiento de las piezas del tablero y la creatividad de su oponente para jugar.

¿Cómo influyó en las asignaturas el jugar este tipo de juegos?

Ejercicio de tres razonados matemáticos.

Para analizar de manera objetiva su nivel de análisis, se les colocó tres razonados matemáticos, en los cual la reflexión de su lectura era primordial para identificar lo que se solicitaba. Así mismo realizaron con base en el contenido matemático el porcentaje, considerando que el ejercicio se aplicó a todos, de los cuales 25 alumnos de 31 dominan por completo las operaciones y conocen el tema.

Los razonados son:

- Una persona invierte $43,800 en un negocio y recupera en total $98,550. ¿Qué tanto por ciento gana sobre el capital invertido?
- De un depósito que tiene 3,600 m³ de agua se han sacado 2,880m³. ¿Qué tanto por ciento de agua queda?

- Si la tonelada de frijol vale $2,750 y se vende en $3,080 ¿qué tanto por ciento se gana?

Los resultados de dichos razonados demostraron que un 77.4% no logró resolver ninguno de los tres, el 12.9% resolvió dos razonados, mientras que el 9.7% logró resolver la mayoría de los razonados y estos son los alumnos con mayor experiencia en el ajedrez. Al momento de preguntarle a uno de ellos sobre qué opinaba sobre el ejercicio contestó "pues estaban algo difíciles, pero después que los volví a leer, vi lo que me preguntaban y le agarré la onda, pero aún así me equivoque en uno profe".

(TERCERA SEMANA)

MARCO TEÓRICO

Con base en el diagnóstico y comparándolo con la información revisada se determina que el grupo de estudio se encuentra entre edades de 9 a 10 años, y según el psicólogo Jean Piaget en su propuesta del desarrollo mental con relación a la Psicología Genética (desarrollo individual) se encuentran en la etapa de las operaciones concretas que comienza a partir de los siete u ocho años consolidándose hasta los once o doce años, así lo enuncia en su libro Psicología del niño, Piaget, J. y Inhelder, B. (1997), señalando que "el período de siete-ocho a once-doce años es el del completamiento de las operaciones concretas" (Piaget & Inhelder, 1997, pág. 99)

Las características de ésta etapa, según Piaget, son que el pensamiento de los niños es afectado por los fenómenos que observa a su alrededor, modificando sus formas de percibir la realidad, sin confiar únicamente en su sentido visual, es decir, considera las variables de conservación y reversibilidad que lo llevan a pensar reflexivamente sobre las transformaciones que percibe, sin embargo, es limitado por la necesidad de representaciones físicas.

Para facilitar la interpretación de "concreto y abstracto", nos remitimos a las definiciones de John Dewey quien específica las características de cada uno. Concreto lo determina como "un significado decididamente diferenciable de otros significados y claramente aprehensible por sí mismo." (Dewey, 1989, pág. 188), lo cual permite conceptualizarlo como todas las características que representan a un significado especifico, por lo tanto, al hablar de concreto, no solo nos referimos a aquello que podemos manipular o palpar, sin embargo es más fácil observar a través de estos materiales las características que identifican a un significado específico. Pero existen términos que necesitan la relación de varios significados que se dominan y establecer conexiones que favorezcan la comprensión de un fenómeno para crear un nuevo significado con base a las relaciones establecidas, a esto Dewey le denomina abstracto, especificando que "hay términos cuyo significado sólo se pueden captar si se traen a la mente cosas más familiares y se establecen luego conexiones entre ellas y lo que no comprendemos." (Dewey, 1989, pág. 188), define lo abstracto como toda teoría que se encuentra fuera de la práctica, sin embargo, es preferente no desvincular los aspectos prácticos de los teóricos por que puede no existir un aprendizaje significativo que facilite la resolución de problemas, además explicar y argumentar las acciones realizadas.

La enseñanza de la Matemática en la actualidad contiene un enfoque en la resolución de problemas cotidianos, ésto involucra la capacidad para aplicar correctamente diversos conocimientos procedimentales (prácticos) además de explicar y argumentar las decisiones tomadas con base a un conocimiento científico. En el plan de estudios vigente que fundamenta este trabajo enuncia que "este campo se plantea con base en la solución de problemas, en la formulación de argumentos para explicar sus resultados y en el diseño de estrategias y sus procesos para la toma de decisiones." (SEP, Plan de Estudio, 2011, pág. 48)

Así mismo se sugiere un aprendizaje basado en situaciones problema, el cual permita resolver retos o desafíos acordes a su desarrollo cognitivo para aprender la matemática, es decir, con base a las diferentes soluciones que el alumno proponga construir un aprendizaje significativo que con ayuda del maestro como guía y facilitador pueda formalizarse para acceder a un conocimiento científico. Esta sugerencia de trabajo se manifiesta en el programa de estudios actual a nivel nacional enunciando que "Cuando hablamos de métodos de enseñanza no nos referimos únicamente a la enseñanza de las destrezas básicas, sino también al "saber cómo", "los qué" y los "por qué", a través de la reflexión de los alumnos sobre las actividades en el salón de clases." (Ávalos, Isoda, Herrera, Oliva, & Ramírez, 2012, pág. 18).

Dentro de los procesos básicos del aprendizaje de la matemática para la resolución de problemas, se encuentra el razonamiento lógico matemático que permite analizar las diferentes situaciones que se presentan en la vida cotidiana. Es importante considerar que el dominio de una secuencia de actividades específicas facilitará resolver situaciones problemáticas estratégicamente, es decir, a través de una planificación previa que permita el procesamiento de la información. El Dr. José Antonio Fernández Bravo considera que el desarrollo del pensamiento lógico matemático se encuentra presente cuando "La multitud de experiencias que el niño realiza -consciente de su percepción sensorial- consigo mismo, en relación con los demás y con los objetos del mundo circundante, transfieren a su mente unos hechos sobre los que elabora una serie de ideas que le sirven para relacionarse con el exterior." (Bravo, 2001, p. 3).

Con base en lo que Bravo enuncia en el desarrollo de este aspecto del ser humano para resolver problemas, se considera que la observación es parte fundamental al momento de analizar las situaciones, las cuales se perciben del contexto circundante.

Así mismo, Antonio Bravo sugiere que para estimular el pensamiento lógico matemático es posible diseñar actividades didácticas en la cual pongan en práctica estrategias de observación, análisis y reflexión para la resolución creativa de problemas, Antonio Bravo lo enuncia de esta manera:

> "...aprender no consiste en repetir las informaciones escuchadas o leídas, sino en comprender las relaciones básicas mediante la contrastación de las ideas: Adquirir hábitos de pensamiento, desarrollar la capacidad creativa, descubrir relaciones, transferir ideas a otras nuevas situaciones, observar hechos, intuir conceptos, imaginar situaciones, o, buscar nuevas formas de hacer donde, aparentemente, siempre había una y sólo una..." (Bravo, 2001, p. 7)

(CUARTA SEMANA)

CONCLUSIONES

El juego de ajedrez permite a los alumnos pensar de manera estratégica para afrontar problemas de manera anticipada, la cual se aprecia en el comentario del alumno A1 "cada vez que juego primero siempre trato de acabar con sus piezas más poderosas, para que no me vaya a ganar" (alumno A1, E1, 12 de junio del 2017).

Los juegos de destreza mental estimulan la observación y el análisis de los problemas de una manera reflexiva, el cual se puede comprobar considerando que los resultados del 9.7% que logró resolver la mayoría de los razonados siendo estos los alumnos con mayor experiencia en el ajedrez. Retomando a Dewey se puede decir que se estimula el pensamiento abstracto, debido a la argumentación de sus decisiones tomadas en el juego, considerando que la abstracción permite explicar y argumentar las acciones realizadas llevándolo a un plano concreto.

La utilización de juegos de destreza mental con sistemas de referencia favorece el aprendizaje del contenido del quinto bloque de quinto grado denominado "Interpretación de sistemas de referencia distintos a las coordenadas cartesianas" el cual permite identificar las posiciones de diferentes objetos utilizando referencias diferidas al plano cartesiano.

ACCIÓN DOCENTE

Al iniciar el próximo ciclo se implementarán cursos de ajedrez y damas inglesas, así como concursos de los mismos, con la intención de favorecer el desarrollo integral del alumno, además de desarrollar hábitos de observación, reflexión y argumentación ante las decisiones tomadas.

REFERENCIAS BIBLIOGRÁFICAS

Bravo, J. A. (2001). APRENDER A HACER Y CONOCER: EL PENSAMIENTO LÓGICO. *Congreso Europeo: Aprender a ser, aprender a vivir juntos.* (pp. 1-19). Mardid, España: Centro de Enseñanza Superior Don Bosco.

3
"APATÍA POR LA CLASE DE CIENCIAS"

(PRIMERA SEMANA)

MARCO CONTEXTUAL

Mi escuela se llama Escuela Secundaria General "Adolfo López Mateos", es urbana y se localiza en el municipio de Nuevo Laredo, Tamaulipas. Mi nombre es Martín y he llegado recientemente a la escuela. La secundaria es de nueva creación, por lo que tenemos demasiadas carencias, falta de aulas, falta de canchas deportivas, talleres, salas de audiovisual, gimnasio, laboratorios, e inclusive falta de personal docente. Contamos con 3 edificios, uno es el de directivos, los otros 2 edificios cuentan con 10 salones en total, tenemos un laboratorio de ciencias sin reactivos, equipos ni suministros y un laboratorio de cómputo sin acceso a internet. Solo hay 2 baños, uno para señoritas y otro para muchachos, que abastece a más de 700 niños de ambos turnos.

El alumnado está repartido en 2 turnos, matutino y vespertino respectivamente, el turno matutino cuenta con 6 grupos de segundo año y 5 grupos de tercer año con un total de 420 alumnos. El turno vespertino cuenta con 7 grupos de primer año con un total de 280 alumnos. El turno matutino es de 7:30 am a 13:10 pm y el turno vespertino de 13:20 pm a 19:30 pm. Al ser escuela de nueva creación no se cuenta con personal de apoyo en prefectura ni orientadora escolar por lo que muchas veces se genera el caos a la hora de salida y entrada de ambos turnos. Al inicio del ciclo escolar 2016-2017 se tuvieron demasiados problemas, ya que al ser personal de nuevo ingreso, idóneos se nos llama, los maestros ya establecidos tenían muchas represalias contra nosotros, hasta el mes de diciembre del 2016 cesaron las diferencias, después de una reunión con autoridades de la SEP que vinieron de Ciudad Victoria para calmar a los maestros "fundadores".

En cuanto al alumnado que recibí en tercer año, al aplicarles examen de diagnóstico me percaté que carecían de muchos conocimientos básicos en la especialidad de ciencias, por lo que me enfoqué las primeras semanas en retroalimentación. Así mismo en cuestión de disciplina estuvieron muy mal, por lo que se aplicó el reglamento interno en el aula de clases, ya que usaban desmedidamente el celular en clase y otras acciones negativas. Otro punto importante que mencionar, es que me cuestionaban los alumnos sobre si me iba a quedar con ellos todo el año, ya que había maestros por contrato que no iban a clases y otros tenían que tomar su lugar, por lo que averigüe que en esa escuela el ausentismo de maestros del salón de clases también era un problema, ya que los niños no obtenían los aprendizajes esperados. La escuela se encontraba en una especia de guerra civil, cada grupo veía sus propios intereses y no se fijaban en que los alumnos no obtenían la educación de calidad que se merecen, así también faltando a los 8 rasgos de normalidad mínima que cada escuela tiene que cumplir. Los docentes idóneos que llegamos a inicio de ciclo no nos metimos en esos asuntos, solo cumplimos con nuestra labor pero era imposible dejar pasar por alto todo lo negativo que aconteció en el ciclo escolar.

Se atendieron a los 5 grupos de tercer año, siendo buenos alumnos en general, pero si observé un caso en específico, el grupo de 3 C, el cual tenía una negatividad enorme, tuvieron una apatía tremenda hacia la clase de ciencias, lo cual les perjudicó demasiado en sus evaluaciones, se mandó a llamar a todos los padres de familia para resolver ese problema de rezago que presentaron, pero grande fue la sorpresa de los docentes de tercer año al ver que también los padres de familia eran negativos e intolerantes hacia esta situación, ya que no propusieron nada para apoyar al docente en la labor de educar a sus hijos, inclusive reclamaban otros puntos, como el que negaran la entrada a los niños que trajeran el pelo muy largo, que ya no se les quitara el celular y demás situaciones que vienen establecidas en cualquier reglamento escolar como prohibidas.

El mejor grupo de tercer año es el B, en el cual la gran mayoría cuenta con muy buena disposición hacia la materia y en general hacia sus maestros, fueron pocos los acontecimientos de indisciplina y más los positivos. La alumna más participativa y enérgica de la generación se llama Diana, que también cabe mencionar es la abanderada de la escuela.

Delimitación del tema.

El grupo 3 C es un grupo muy dividido, la parte platicadora siempre se encuentra atrás del salón, a este grupo le encanta estar siempre con el celular, todo el día, sin importar la materia que esté presente, hasta podría parecer que son desafiantes de la autoridad, no respetaron el reglamento escolar, y en general son descuidados físicamente (pelo largo, uniformes rotos, zapatos totalmente inusables o incluso asisten con tenis). El líder de grupo se llama Rodolfo, un niño déspota e intolerante hacia sus compañeros, le gusta agredirlos física y verbalmente, esconde las pertenencias de los demás, se roba sus lonches y hace destrozos en el aula de clases. A este líder (Rodolfo) lo apoya otros 2 muchachos, Jovhany y Gustavo, los cuales son casi idénticos en su forma de actuar, carácter y comportamiento dentro del salón, por lo que siempre deben estar separados para poder tener un ambiente tranquilo en el salón de clases.

Aunado a este problema, los padres de familia de estos 3 muchachos son muy irrespetuosos y déspotas hacia los docentes, por lo que hemos platicado entre compañeros, que ésta es la raíz del problema, que esos niños viven en ambientes familiares muy deficientes e irregulares, lo que los afecta en su forma de ser y tratar a los demás.

Preguntas de investigación.

1.- ¿Por qué el grupo 3 C está muy dividido?
2.- ¿Por qué a ese grupo le gusta usar demasiado el celular?
3.- ¿Por qué Rodolfo trata mal a sus compañeros?
4.- ¿Por qué Jovhany y Gustavo son iguales a Rodolfo en comportamiento?
5.- ¿A qué se debe que al estar separados se comportan bien?
6.- ¿Por qué los padres de familia de estos muchachos se comportan de manera irrespetuosa?
7.- ¿Cuál es la raíz de este problema?
8.- ¿Por qué Rodolfo, Gustavo y Jovhany maltratan las pertenencias de sus compañeros?
9.- ¿Por qué les faltan el respeto a sus compañeros con agresiones verbales?
10.-¿Por qué a este grupo de alumnos les gusta andar desarreglados, uniformes en mal estado y con pelo largo?

(SEGUNDA SEMANA)

TRABAJO DE CAMPO

Las herramientas utilizadas para el trabajo de campo fueron las entrevistas individuales y grupales a alumnos de 3 C, al prefecto escolar y algunos maestros que impartieron clases en años pasados y el registro de asistencia-evaluación continua.

1.- ¿Por qué el grupo 3 C está muy dividido?

En entrevista individual a 3 alumnos del grupo 3 C, se dio a conocer que las posibles razones por las que se encuentran divididos son:

- Tienen bagaje cultural muy distinto en cuanto a música, pasatiempos, deportes, etc.
- Solo buscan terminar la educación secundaria para ponerse a trabajar.
- No tuvieron actividades recreativas que fomentaran la unión grupal.
- No tuvieron buenos representantes de grupo que ayudaran a fomentar una convivencia sana.

2.- ¿Por qué a ese grupo le gusta usar demasiado el celular?

Como resultado de un cuestionamiento que se le hizo al jefe de grupo, 3 C ve el celular como un medio de escape, al no sentirse interesados en las clases lo usan para distraerse, se les pasa más rápido el tiempo y se sienten conectados con sus círculos de amistades, ya sea por redes sociales o chat en vivo.

3.- ¿Por qué Rodolfo trata mal a sus compañeros?

Entrevistando a 2 alumnos de su grupo, que lo conocen desde la primaria, me informan que su comportamiento es igual al de sus padres, son señores muy peleoneros, no acatan los citatorios que se les envía para abordar temas de disciplina de su hijo y cuando lo hacen, atacan verbalmente a los maestros; después de recibir esta información no me queda duda que los hijos son reflejo de sus padres, y el pésimo comportamiento del niño Rodolfo es resultado de la mala convivencia que tiene en su hogar.

4.- ¿Por qué Jovhany y Gustavo son iguales a Rodolfo en comportamiento?

En el caso de Jovhany, pude recopilar información de su ambiente familiar, el prefecto de la escuela me informa que este alumno es hijo de madre soltera, que trabaja todo el día en maquiladora, por lo que no le queda tiempo para atender los asuntos escolares de su hijo, siendo esta situación el origen probable del mal rendimiento escolar y la mala disciplina en el aula.

En cuanto a Gustavo, no pude contactar a sus padres de familia, y la poca información que obtuve en dirección escolar es que entró apenas en tercer año, viene de traslado de otra ciudad, y los padres de familia solo se presentaron para inscribirlo y no volvieron a pisar la escuela, siendo difícil sacar conclusiones para deducir su mala conducta.

5.- ¿A qué se debe que al estar separados se comportan bien?

Al ser Rodolfo, Gustavo y Jovhany muy parecidos en su comportamiento, hasta pareciera que se complementan para causar problemas, pero al sentirse solos entran en un estado de calma y tranquilidad e inclusive registré algunas veces que demostraron interés en la clase de Química, situación que también los compañeros docentes apreciaron a lo largo del ciclo escolar.

6.- ¿Por qué los padres de familia de estos muchachos se comportan de manera irrespetuosa?

Los padres de Rodolfo solo tienen la primaria terminada, hecho que se comprobó en dirección escolar, al igual que la mamá de Jovhany, su mamá también tiene solo primaria terminada, por lo que se podría decir que tienen una educación casi nula, hecho que afecta a sus hijos en su formación continua tanto académica como cívica. Este tipo de personas adquieren trabajos donde aprenden a no respetar a los demás, verbalmente y físicamente, llevando esta negatividad a sus hogares. La situación familiar de Gustavo es difícil de conocer, es indiferente la respuesta de sus padres para asistir a la escuela para atender los problemas que tiene su hijo.

7.- ¿Cuál es la raíz de este problema?

La falta de oportunidades que tuvieron en su tiempo los padres de familia, y la falta de dinero en el hogar es la causa más probable de que hayan desertado de la educación básica.

8.- ¿Por qué Rodolfo, Gustavo y Jovhany maltratan las pertenencias de sus compañeros?

Al no tener respeto por sus compañeros, demuestran autoritarismo e irrespeto mediante la destrucción de las pertenencias de ellos, mochilas, cuadernos, libros e inclusive de los uniformes escolares. Esta situación tuvo en jaque algunas semanas a la dirección escolar ya que las quejas por parte de los afectados no se hicieron esperar, y se logró controlar hasta que los hicieran responsables y pagaran los daños ocasionados.

9.- ¿Por qué les faltan el respeto a sus compañeros con agresiones verbales?

Después de la investigación recabada mediante entrevistas a alumnado, prefectura, docentes y directivos escolares, es factible sacar esta conclusión: "Los alumnos Rodolfo, Jovhany y Gustavo carecen de valores que debieron ser inculcados en el hogar, en el cual viven diferentes tipos de violencia y crecieron pensando que es normal faltar de distintas formas el respeto a los demás".

10.- ¿Por qué a este grupo de alumnos les gusta andar desarreglados, uniformes en mal estado y con pelo largo?

Se vuelve a mencionar que esta investigación de campo nos permitió ver claramente por qué estos niños actúan de formas tan irresponsables y groseras hacia sus compañeros y maestros, y al carecer de supervisión familiar, copian las modas que ven en medios de comunicación, pantalones rotos y entubados, cortes de cabello extravagantes o incluso pelo demasiado largo, siempre desfajados y con camisas no permitidas en el reglamento escolar.

(TERCERA SEMANA)

REVISIÓN TEÓRICA

A continuación se mencionará información relatada en la tesis *"La motivación de los alumnos de bajo rendimiento académico: desarrollo y programas de intervención",* escrita por José Antonio Bueno Álvarez, Madrid, 1993. Esta tesis busca evidenciar el problema enorme del índice de fracaso escolar debido a diferentes factores (docente, ambiental, curricular, social, etc.). Así también hacer palpable que esta falta de empuje y motivación es un factor incuestionable influencia y peso en la realidad educativa del aula (E.D. Gagne, 1991). Es de sobra conocida la constante preocupación de los profesionales de la enseñanza por la falta de motivación en los alumnos no sólo para que estudien sino para que aprendan, hagan suyo el conocimiento y de esa forma desarrollen su personalidad (Alonso, 1984b; Estefanía, 1984). Las consecuencias primarias de esta falta de motivación son obvias: ausencia de expectativas de éxito; falta de incentivos para el estudio; aburrimiento crónico; apatía escolar; decepción constante; disminución de la propia autoestima y auto concepto; relaciones interpersonales insatisfactorias; afectividad maltrecha; actitudes negativas hacia la escuela y el aprender; escaso rendimiento, etc.

LA TEORÍA ATRIBUCIÓNAL DE LA MOTIVACIÓN

Esta teoría, más conocida como "de las atribuciones causales", fue desarrollada por B. Weiner. En un intento de integrar los principios de la motivación de logro de McCleiland y Atkinson; el locus de control de Rotter (1954> y las atribuciones sociales/interpersonales de Heider, se creaba la teoría atribucional. Ya en un primer momento las investigaciones llevadas a cabo por Neiner y sus colegas (Weiner y Kukla, 1970; Weiner y Potepan, 1970; Weiner et al., 1971), aún relacionadas con la motivación de logro, confirmaban la existencia de cuatro atribuciones fundamentales, tales por haber sido elegidas con mayor frecuencia por los sujetos encuestados, como la habilidad, el esfuerzo, la dificultad de la tarea y la suerte, encuadradas todavía en un sistema de clasificación de dos ejes, estabilidad y locus de control (que posteriormente evolucionaría a locus de causalidad y controlabilidad). De todos modos, los resultados indicaban que los sujetos de alta motivación de logro atribuían internamente su éxitos a la habilidad y al esfuerzo y sus fracasos nunca a la falta de habilidad sino a la falta de esfuerzo o la mala suerte, lo cual mantenía su subjetiva probabilidad de éxito en la tarea y les hacía más persistentes en ella. Al contrario, los de baja motivación de logro, en caso de fracaso lo atribuían a una falta de habilidad y desistían de la tarea más rápidamente.

A partir de 1979 (más o menos), fecha de la publicación del artículo "A theory of motivation for some classroom experiences, en que integra B. Weiner los principios: de la motivación de logro; del locus de control de Rotter (1954) y de la teoría de la psicología espontánea o de las atribuciones sociales de Heider (1958>, (con los que crea la teoría de las atribuciones causales; podemos hablar del inicio de la etapa cognitivista o cognitiva también, en la que entre otras podemos encontrarnos con la teoría de la disonancia cognitiva de Festinger (1956); de la atribución social de Xelley; de la motivación intrínseca de Dcci (1971, 1972, 1975).

Finalmente, consideramos como actuales líneas de investigación tanto teórica como práctica los estudios trazados por:

1.- Forgas (1990) y Weiner (1986) con la nueva teoría atribuciónal de la motivación y la emoción y sus desarrollos.
2.- Slavin (1987) y Jhonson & Jhonson (1986-1987) sobre la interdependencia social.
3.- Schunk (1990) y Zimmerman (1986-1989) con las teorías de autorregulación y auto eficiencia.

Y un largo etc., avalado por las casi periódicas publicaciones recopilatorios de las diversas tendencias en el estudio de la motivación.

LA TEORÍA ATRIBUCIONAL DE LA MOTIVACIÓN Y LA EMOCIÓN

Tanto las concepciones mecanicistas como cognitivas de la conducta han identificado otra clase de variables que afectan a la motivación. Estas son los denominados incentivos de la meta o propiedades del objeto meta que se desea alcanzar. La motivación se cree venga determinada por aquello que uno puede conseguir (incentivo) como por la probabilidad de conseguirlo (expectativa); y éste es precisamente el principio de la teoría expectativa—valor weiner, 1985). Esta teoría atribucional de la motivación y la emoción, se presenta como una secuencia temporal, histórica; parte de las concepciones previas sobre el binomio expectativa-valor estableciendo lazos entre el valor y el sentimiento elicitado después de una actividad dirigida al logro (Weiner, 1985, 1986). Las emociones son particularmente responsables de los resultados en situaciones de logro, de las adscripciones causales y de las dimensiones de la causalidad, los pensamientos hacen surgir sentimientos y éstos guían la conducta. Las emociones-sentimientos son también motivantes indirectos de la conducta y de los mismos procesos de atribución porque son antecedentes salientes del pensamiento causal (Weiner, 1984). Así la teoría postula que ante un suceso, en un primer momento, se produce una reacción emotiva denominada primitiva dependiente del resultado e independiente de la atribución, cuyo signo variará según lo deseado-esperado/indeseado-inesperado del resultado. Posteriormente surgen lo que son las emociones dependientes de las atribuciones que son determinadas por la percepción de la causa del resultado anterior y que a su vez influenciaran la conducta subsiguiente (Weiner, 1985).

Entre las atribuciones causales y emociones que se presentan tenemos:

En caso de éxito:

   1.- habilidad: alegre, satisfecho, confiado, competente, contento.

2.- esfuerzo inestable: bien, contento, satisfecho, encantado, complacido.
3.- esfuerzo estable: satisfecho, bien, alegre, seguro, confortable.
4.- dificultad de la tarea: alegre, contento, satisfecho, seguro, complacido
5.- humor: alegre, bien, encantado, feliz, contento
6.- esfuerzo de los otros: alegre, feliz, complacido, satisfecho, orgulloso
7.- suerte: feliz, agradecido, encantado, alegre, aliviado.

En caso de fracaso:

1.- habilidad: preocupado, triste, insatisfecho, molesto, descontento.
2.- esfuerzo inestable: arrepentido, vil, triste, con pesar, preocupado.
3.- esfuerzo estable: preocupado, disgustado, insatisfecho, triste, depresivo.
4.- dificultad de la tarea: disgustado, triste, infeliz, lamentado, molesto.
5.- humor: triste, infeliz, disgustado, molesto, vil.
6.- esfuerzo de los otros: triste, descontento, insatisfecho, amargo, miserable.
7.- suerte: frustrado, preocupado, insatisfecho, irritado, perturbado.

El énfasis que se le da a la relación emociones/sentimientos y atribuciones reside por un lado en las reacciones emotivas que provocan el éxito o el fracaso en una tarea sobre el sujeto, y por otro en la transmisión indirecta de mensajes por parte del profesor a los alumnos durante el proceso de enseñanza—aprendizaje tal como revelan las investigaciones de Brophy (1981) y Good (1974-1986). Se ha demostrado (como preveía Weiner, 1983) que la conducta del profesor transmite a los alumnos una serie de expresiones emocionales que estos decodifican y al interpretarlas les conducen a inferir el por qué, por parte del profesor, han fracasado en la tarea, lo cual junto con otras causas hace que los alumnos formen su propia atribución.

(CUARTA SEMANA)

CONCLUSIÓN GENERAL

La educación familiar contribuye notablemente con el carácter de cada alumno, altera su comportamiento hacia compañeros de aula, maestros y personas en general, cambia los sentimientos que expresa mediante comunicación oral y escrita, genera apatía hacia el estudio e inclusive hacia la práctica de deportes, estos últimos cambiándolos por el uso de la tecnología, como son el celular, tabletas, lap tops, juegos portátiles, etc.

ACCIÓN DOCENTE

Para mejorar la práctica en el aula tomando en cuenta esta información, se propone llevar a cabo entrevistas y estudios psicométricos a alumnos con problemas similares a los jóvenes analizados en esta investigación, con el apoyo del docente de Formación Cívica y Ética, para buscar formar ambientes de convivencia sana para fomentar el aprendizaje en ellos.

4
"ALUMNOS PROBLEMÁTICOS"

(PRIMERA SEMANA)

MARCO CONTEXTUAL

Mi escuela se llama "Lic. Belisario Domínguez", y se encuentra en una localidad rural de Matamoros, en el Estado de Tamaulipas. En cuanto a su infraestructura es una escuela muy grande de terreno, pero solo cuenta con dos salones de clases, una dirección, una bodega, un comedor y dos baños. También tiene un campo para futbol, 1 cancha de basquetball/voleyball, una techumbre, patio cívico y un foro.

Me llamo Paola y el alumnado que está a mi cargo son cuarenta y cinco niños; es una escuela multigrado y atiendo a los alumnos de cuarto, quinto y sexto, dando un total de veinticinco alumnos. Siete son de cuarto, cabe mencionar que uno de ellos es un niño con necesidades especiales. En quinto grado son trece alumnos y uno de ellos tiene capacidades diferentes. En sexto atiendo a cinco alumnos.

Aparte de ser una escuela multigrado está en el programa de escuelas de tiempo completo, es decir, el horario es de 8 de la mañana a 4 de la tarde. Cuando llegué a mi centro de trabajo, al poco tiempo tuve una junta con las madres de familia y me percaté de que los niños habían sufrido muchos cambios en ese ciclo escolar, pues me comentaron que tuvieron más de cuatro maestros en lo que iba del ciclo escolar, cosa que fue muy notable al tratar con los alumnos los primeros días ya que hacían comentarios de que si me iba a quedar o me iba a ir como los demás maestros a lo que yo siempre contesté que me quedaría con ellos para trabajar.

Si bien es cierto esos cambios afectaron mucho al grupo porque tenía alumnos que llegaron a pensar que me iría como los demás y fue un poco difícil que tomaran confianza en mí, pero con trabajo y dedicación se ha ido mejorando cada aspecto. Obteniendo la confianza de mis alumnos mediante dinámicas y pláticas en recreos ya que considero que para obtener su confianza hay que irlos conociendo poco a poco.

Debido a lo antes mencionado, los alumnos que atiendo eran problemáticos, traviesos y renuentes. Poco a poco hemos ido tomándonos confianza y aprendiendo juntos.

Ahora es un grupo muy participativo, les gusta ayudar a sus compañeros, aunque a veces batallan para trabajar en equipo ya que considero que les falta un poco de tolerancia para escuchar las diferentes opiniones.

Los alumnos son muy tranquilos y siento que me aprecian así como yo a ellos. Los alumnos de cuarto son muy tranquilos con ellos se trabaja muy bien y Andrea, quien siempre acaba primero los trabajos, es la monitora mientras se atiende a los alumnos de quinto y sexto o cuarto que no hayan entendido algo.

Los alumnos de quinto son muy platicadores por lo mismo de que es un grupo numeroso a comparación de los demás. Son muy listos aunque claro hay unos que requieren más apoyo que otros.

Al ser el sexto el grupo menos numeroso no se batalla mucho con ellos, son serios a excepción de Diego que es muy platicador, a veces habla solo, siempre quiere andar parado o en el baño.

Melanie es la niña más inteligente del grupo y me ayuda también como monitora aunque es callada, todos sus compañeros la aprecian mucho.

DELIMITACIÓN DEL TEMA

En el salón hay un grupito de niños que son muy inquietos y se la pasan molestando a los demás. He notado que cuando Kevin dice algo o hace algo hay ciertos compañeros que lo siguen. Le gusta mucho molestar a una compañera de quinto que se llama Kenia.

James es un niño que cuando le llamas la atención se calma, pero después de un rato sigue con sus travesuras. Al contrario Ovidio es un alumno muy inteligente pero juntarse con los desordenados ha hecho que su conducta ande mal y cuando dice algo gracioso todos ríen. Luis, quien es primo de Ovidio, es un niño al que le falta mucho cariño, es muy travieso, temperamental y contestón, así como busca pleitos. Por último, en el grupito está Servando quien es el pasivo pero siempre sigue la corriente.

Como lo mencioné antes. considero que Kevin es el líder del grupo así que si a él lo mantengo tranquilo los demás lo están y hacen su trabajo.

PREGUNTAS DE INVESTIGACIÓN

¿Por qué hay un grupo de niños que son muy inquietos y se la pasan molestando a los demás?

¿Por qué cuando Kevin dice o hace algo sus compañeros lo siguen?

¿Por qué Kevin se la pasa molestando a Kenia?

¿Por qué cuando le llamas la atención a James se calma?

¿Por qué James después de un tiempo sigue con sus travesuras?

¿Por qué Ovidio es inteligente?

¿Por qué cuando dice algo gracioso los demás se ríen?

¿Por qué Luis es muy temperamental?

¿Por qué se considera a Servando como el pasivo del grupo?

¿Por qué Kevin se considera el líder del grupo?

(SEGUNDA SEMANA)

TRABAJO DE CAMPO

¿Por qué hay un grupo de niños que son muy inquietos y se la pasan molestando a los demás?

- Se realiza observación durante la semana para ver cuál es la razón, por la cual estos alumnos molestan a sus compañeros de clase.

SEMANA DE OBSERVACIÓN, DIARIO DE CAMPO:

- Durante el día se observa que James, Ovidio, Servando y Luis siempre buscan a Kevin ya sea para platicar o pedir algún útil escolar.

- En el recreo al igual que en el salón de clase se juntan para jugar, en esta ocasión jugaron voleyball donde Kenia también juega pero ellos inicialmente, Luis no quiere que ella juego pues decía que siempre quiere mandar.
- A James le gusta mucho jugar con Cristian (alumno con necesidades especiales) hace ruidos como de carro, helicóptero incluso hasta como perro solo para jugar con Cristian, pero después de un tiempo Cristian se molesta y se pone a llorar.
- En la clase se está llevando a cabo una dinámica en cuanto a la disciplina y esto ha ayudado mucho a que los alumnos no molesten a sus demás compañeros, aunque hay ocasiones que siguen haciéndolo.

¿Por qué cuando Kevin dice o hace algo sus compañeros lo siguen?

- Se observa la conducta de estos alumnos en la semana de trabajo y se registra en el diario de campo.

SEMANA DE OBSERVACIÓN, DIARIO DE CAMPO:

- Es el alumno mayor de los 5 que se juntan, lo ven como un ejemplo a seguir y como su mejor amigo al cual deben de tenerle confianza y lealtad, cuando él dice la verdad los demás lo hacen, se observa que es un líder por naturaleza.
- Ven que lo que él hace, parece divertido por lo tanto quieren imitarlo, cuando Kevin está sentado en su banco y trabajando hay ocasiones que los alumnos van y le hacen plática, pero él quiere trabajar, se molesta y les dice que lo dejen en paz que se

pongan a trabajar y ellos se sienten mal, van y se sientan al ver que no platicó.

¿Por qué Kevin se la pasa molestando a Kenia?

- Se realiza una pequeña entrevista de preguntas abiertas al alumno para después ser registrada en cuanto a su conducta con su compañera.

EVIDENCIA DE ENTREVISTA

¿Hay alguien que te molesta o no es de tu agrado su compañerismo? ¿Por qué?

Si, son Kenia y Yicel, pero la que me cae más mal es Yicel. Porque si yo estoy platicando con Servando o con algún amigo y decimos un nombre piensa que es un familiar de ella y cree que estamos hablando de su familiar.

¿En cuánto a Kenia?

Me cae bien, pero cuando jugamos siempre quiere mandar, y cuando estamos en el salón platicando y al igual que Yicel piensa que estamos diciendo algo malo de un familiar. Cuando le digo cosas por meterse en la conversación se enoja y no se aguanta. Se cree mucho cuando le compran algo y nos presume.

Creo que chocamos cuando los dos queremos mandar y pensamos que todo es una competencia por quien lo hace mejor y si pierde en el juego se enoja.

¿Qué te ha hecho esa persona?

Me ha dicho cosas como malas palabras a veces, que no me puedo mirar en el espejo porque se quiebra y a veces me dice cosas de que estoy feo.

¿Por qué la molestas a lo largo de la clase?

Porque me dice cosas y no me voy a dejar.

¿Hay algún aprecio sentimental hacia ella?

Se me hace que es buena amiga, a veces.

¿Qué deberías hacer para llevarte mejor con ella?

Ya no pelear.

¿Por qué cuando le llamas la atención a James se calma?

¿Por qué James después de un tiempo sigue con sus travesuras?

- Se realiza una observación durante las clases y se registran en el diario de campo.

SEMANA DE OBSERVACIÓN

James es un buen alumno con un muy buen cálculo mental, a pesar de que se la pasa molestando a sus compañeros, no importa quien sea, siempre hay quejas de él, se ha hablado con la mamá e incluso ella dice que no hay ningún problema si se castiga a su hijo.

Cada que se le llama la atención a James por alguna travesura él se queda callado, y se queda viendo fijamente pero no con una mirada de rencor, si no que con una mirada noble que evidencia que lo que le falta es cariño o amor. Se observó también que al momento de hablar con él no en tono de regaño sino más bien en tono de amor hace mas caso incluso trabaja mejor en clase y es más participativo.

¿Por qué Ovidio es inteligente?

- Se le realizan ejercicios matemáticos para saber que conocimientos ha adquirido.

EVIDENCIA DE CÁLCULO MENTAL

Cabe mencionar que en un solo problema dudó en contestar, pero lo pudo corregir. No recibió ayuda de nadie, más que la mención de la operación que debía contestar.

¿Por qué cuando dice algo gracioso los demás se ríen?

- Se les realiza una secuencia de preguntas abiertas a los alumnos y se toma un consenso de cuál fue la respuesta con más repeticiones.

PREGUNTAS A LOS ALUMNOS

¿Qué les causa gracia?

Los chistes, cuando alguien se cae, cuando Kevin y Ovidio dicen chistes o algo gracioso, cuando le dicen cosas a algunos compañeros.

¿A quién consideras más gracioso del grupo?

Ovidio, porque dice chistes y nos hace reír, porque no tienen vergüenza de bailar frente a nosotros.

¿Qué dice Ovidio para que se rían?

Chistes, hace movimientos graciosos, que imite a alguien para que nos haga reír.

¿Qué les agrada de Ovidio?

Que es buena onda, que es inteligente, que es buen amigo, que es gracioso, que juega mucho con nosotros, nos hace reír.

¿Por qué Luis es muy temperamental?

- Se realiza una pequeña entrevista sobre sus actitudes tomadas en diferentes situaciones.

ENTREVISTA A LUIS

¿Por qué te enojas muy seguido?

Porque me hacen enojar, y si alguien me hace o me dice algo yo lo molesto.

¿Qué te molesta?

Cuando gritan, que me digan cosas, o que molesten a alguien.

¿Qué te agrada?

Cuando me explican algo que no entiendo

¿Qué hace que te enojes mucho?

Cuando le quitan la comida a Daniel

¿Quién se la quita?

Kevin, Ovidio, James, y yo le ayudo a destapar su refresco o cuando no le gusta algo a Daniel me lo da a mí.

¿Te cae bien Daniel?

Sí, porque a veces él me explica, me presta o me da cosas.

¿Crees que con tus demás compañeros te puedes llevar así de bien?

Sí, no diciéndoles cosas, portarme bien y no golpearlos.

¿Por qué insultas?

Porque ellos me molestan y yo les empiezo a decir cosas.

¿Cómo te sientes cuando insultas?

Mal, porque haga de cuenta que si le digo algo a un niño es como si estuviera insultando a mi papá o si es una niña es como si estuviera insultando a mi mamá.

¿Piensas en eso cuando insultas?

Si, y lo sigo haciendo porque me insultan y no les gusta que les digan cosas.

¿Te han ofendido?

Si, Kevin, Servando, a veces Kenia, Ovidio y James

Me dicen manchas de orina por mi mancha en la cara y me dicen negro.

¿Cómo es el trato en tu casa?

Bien, cuando pido permiso de salir me dejan a veces me divierto con mi tío matando palomas, pescar camarones.

¿Cómo te trata tu mamá?

Bien, pero cuando me porto mal me pega y me castiga.

¿Por qué se considera a Servando como el pasivo del grupo?

- Se realiza una observación en la semana de clases para registrar los resultados.

SEMANA DE OBSERVACIÓN

Se observó que Servando es un buen amigo para ellos, en el que pueden confiar, jugar o bromea. El casi no se mete con nadie, aunque a veces es muy platicador es raro que haya una queja de él.

Se lleva bien con todos sus compañeros a excepción de cuando Kevin ande molestando a un compañero o diciendo algo, Servando trata de seguir la corriente.

Es un buen alumno al igual que muy inteligente cuando se lo propone.

¿Por qué Kevin se considera el líder del grupo?

- Se entrevista a los 5 alumnos para saber qué es lo que piensan al seguir las actitudes de su compañero de clase.

ENTREVISTAS:

KEVIN

¿Quiénes son los que pertenecen a tu grupo de amigos?
Servando, James, Luis, Ovidio.
¿Por qué los consideras así?
Porque son los que pasan casi todo el tiempo conmigo.
¿Qué hacen para que sean tus amigos?
Jugamos juntos siempre y casi nunca peleamos.

¿Te obligan a hacer algo que no quieras?

A veces, como a decirle cosas a Cristian. Porque les cuento un secreto y si no lo hago me dicen que van a decir lo que les conté.

¿Quién consideras que es el líder de tu grupo?

Servando y yo.

¿Por qué?

A veces dicen que yo soy su jefe o que los mandamos.

¿Qué te dicen que hagas para que seas su amigo?

Molestar a mis compañeros.

¿Qué pasa si no haces algo que te diga?

Me dejan de hablar o no juegan conmigo.

¿Por qué los sigues cuando hacen algo?

Porque pienso que no harán algo malo porque son mis amigos.

OVIDIO

¿Quiénes son los que pertenecen a tu grupo de amigos?

Kevin, Servando, Luis, James

¿Por qué los consideras así?

Porque los conozco desde el kinder

¿Qué hacen para que sean tus amigos?

Jugar conmigo, nos vemos en la calle (fuera de la escuela)

¿Te obligan a hacer algo que no quieras?

No

¿Quién consideras que es el líder de tu grupo?

Kevin

¿Por qué?

Es bueno

¿Qué te dice que hagas para que seas su amigo?

Que juegue con él y le preste mis cosas.

¿Qué pasa si no haces algo que él diga?

Dejaría de ser mi amigo.

¿Por qué lo sigues cuando hace algo?

Porque a veces nos da risa lo que hace.

SERVANDO

¿Quiénes son los que pertenecen a tu grupo de amigos?
Kevin, Ovidio, James, Luis
¿Por qué los consideras así?
Porque me caen bien.
¿Qué hacen para que sean tus amigos?
No pelean conmigo, nos llevamos bien.
¿Te obligan a hacer algo que no quieras?
No.
¿Quién consideras que es el líder de tu grupo?
Kevin
¿Por qué?
Porque es el más grande.
¿Qué te dice que hagas para que seas su amigo?
Jugar a lo que él dice.
¿Qué pasa si no haces algo que él diga?
Se enoja.
¿Por qué lo sigues cuando hace algo?
Por diversión.

JAMES

¿Quiénes son los que pertenecen a tu grupo de amigos?
Kevin, Ovidio, Servando y Luis.
¿Por qué los consideras así?
Porque juegan conmigo.
¿Qué hacen para que sean tus amigos?
Contar chistes.
¿Te obligan a hacer algo que no quieras?
No.
¿Quién consideras que es el líder de tu grupo?
Kevin.
¿Por qué?
Porque es el más grande.
¿Qué te dice que hagas para que seas su amigo?

Hacerle caso.
¿Qué pasa si no haces algo que él diga?
Me pega.
¿Por qué lo sigues cuando hace algo?
Porque me gusta juntarme con él.

LUIS

¿Quiénes son los que pertenecen a tu grupo de amigos?
Kevin, Servando, Ovidio, James
¿Por qué los consideras así?
Porque a veces juegan conmigo.
¿Qué hacen para que sean tus amigos?
Jugamos.
¿Te obligan a hacer algo que no quieras?
Si, echarme la culpa. Que cuando le pegan a alguien me
    eche la culpa.
¿Quién consideras que es el líder de tu grupo?
Kevin.
¿Por qué?
Porque es el mayor
¿Qué te dice que hagas para que seas su amigo?
Echarme la culpa y molestar a un compañero.
¿Qué pasa si no haces algo que él diga?
No juega conmigo.
¿Por qué lo sigues cuando hace algo?
Por diversión.

(TERCERA SEMANA)

REVISIÓN TEÓRICA

Referente al tema "Alumnos problemáticos" se encontró
en Google un artículo que lleva por nombre: "El
comportamiento del niño en la escuela". Ivonne Sebastiani

Elías. UMBRAL. Revista de Educación, Cultura y Sociedad, de donde se extrajeron los siguientes párrafos, que dan alguna información adicional sobre los alumnos problema:

En la escuela el niño va a conocer nuevos compañeros, por lo tanto, sus relaciones sociales al interrelacionarse con nuevos niños se amplían.

El niño recibe, sobre todo de los otros niños, ese don esencial que es el dominio propio: juntos descubren el significado de compartir momentos de amistad en el aula.

El grupo infantil se forma esencialmente por la atracción del mayor. Los pequeños se sienten subyugados con los juegos de los mayores invitados a tomar parte en ellos con papeles secundarios (…) El niño atrae al niño con sus inventos, con sus risas, con ese comportamiento activo propio del niño a esta edad (…)

El autor Carroll, Herbert en su obra "Higiene Mental", manifiesta que los problemas disciplinarios se suelen desarrollar en el aula a partir de la frustración de una o más de las necesidades fundamentales del niño.

El niño que responde a estas frustraciones mediante la agresión externa, perturba la clase, molesta al profesor y hasta al director, se convierten en un caso disciplinario. El niño que responde con la agresión interna no suele convertirse en un caso disciplinario, peor su personalidad se perjudica más que la de aquél que reacciona peleando (…)

Muchos niños crecen en hogares indisciplinados donde no se les exige que obedezcan las reglas más elementales. En consecuencia, los niños a menudo actúan exclusivamente según su libre albedrío. Cuando este niño ingresa a la escuela, lleva consigo un problema para el maestro. Al formar parte del grupo de otros niños, no se le puede permitir que permanezca indisciplinado, la influencia que ejerce sobre el comportamiento de los demás no se puede dejar de lado.

Lo que mencionan los autores es:

"El grupo infantil se forma esencialmente por la atracción del mayor" (…) "El niño atrae al niño con sus inventos, con sus risas, con ese comportamiento activo propio del niño a esta edad" (Sebastiani Elías) (Elías, El comportamiento del niño en la escuela, 2003)

"los problemas disciplinarios se suelen desarrollar en el aula a partir de la frustración de una o más de las necesidades fundamentales del niño" (…) "El niño que responde a estas frustraciones mediante la agresión externa, perturba la clase, molesta al profesor y hasta al director, se convierten en un caso disciplinario". (Carroll Herbert). (Carroll)

(CUARTA SEMANA)

CONCLUSIÓN GENERAL

El ser humano es social por naturaleza y cuando se entra a la escuela se tiene la ilusión de conocer nuevos amigos y las conductas de ellos repercuten de manera directa o indirectamente en la conducta del individuo.

Los comportamientos que se efectúan son muchas de las veces para agradar al amigo con mayor edad o con apariencia física de mayor, pues es considerado como el fuerte, el rebelde y muchas de las veces se tiende a adoptar su comportamiento.

ACCIÓN DOCENTE

Adecuar la estrategia de filas para la buena disciplina en el salón, la cual consiste en tener un monitor por fila y este se encarga de mantener el orden.

Así mismo, generar un buen ambiente de aprendizaje entre la comunidad educativa para que sea efectiva la convivencia sana y pacífica.

COMENTARIOS FINALES

Me siento muy contenta con mi trabajo, pues día con día doy lo mejor de mí. Me he encariñado mucho con mis alumnos a pesar de que cuando llegue tenía miedo pues como mencioné era un grupo multigrado.

Trato de ser mejor en cuanto a mi persona y en lo profesional considero que este trabajo me llevará a mejorar mi práctica docente.

BIBLIOGRAFÍA

Carroll, H. Higiene Mental.

Bravo, J. A. (2001). APRENDER A HACER Y CONOCER: EL PENSAMIENTO LÓGICO. *Congreso Europeo: Aprender a ser, aprender a vivir juntos.* (pp. 1-19). Mardid, España: Centro de Enseñanza Superior Don Bosco.

Elías, I. S. (2003). El comportamiento del niño en la escuela. *UMBRAL Revista de Educación, Cultura y Sociedad*, 134.

Elías, I. S. (2003). El comportamiento del niño en la escuela. *UMBRAL Revista de Educación, Cultura y Sociedad*, 135-136.

5
"NIÑOS QUE BUSCAN ATENCIÓN"

(PRIMERA SEMANA)

RELATO GENERAL

El grupo de quinto grado que tengo cuenta con 21 alumnos, 10 niñas y 11 niños, <u>son alumnos muy inquietos y curiosos,</u> <u>les resulta difícil quedarse callados y siempre tienen cuestiones para cualquier tema</u>, al inicio el trabajo con el grupo fue un reto muy difícil ya que los alumnos <u>tenían problemas de conducta</u>, actualmente puedo decir orgullosamente que la conducta ha mejorado y sus buenos hábitos hoy en día son más marcados, aunque claro queda mucho trabajo por hacer, tengo un grupo de alumnos que a veces son groseros y contestan de formas indebidas sin embargo son pocos alumnos lo que tienen ese problema.

Uno de esos claros ejemplo son Gilberto y Alex, que son alumnos que en ocasiones son groseros, en particular Alex, su mayor inconveniente es que está acostumbrado a que se haga lo que él quiere y dice, es un niño muy mimado y al no tener esa atención tan exclusiva como en casa, su conducta se vuelve grosera, ya que cuando él se siente muy cómodo y atendido es un niño muy atento.

Pero no todo los alumnos son como ellos, tengo dentro del salón a niños muy educados y de buenos modales y por mencionar a algunos, Pilar, Yareli y Walter; <u>la diversidad es muy grande dentro de mi grupo, son por mucho el</u>

grupo más inquieto que haya tenido alguna vez y el reto más grande con el que me haya encontrado, al principio debo admitir que sufría mucho al llegar al grupo, ya que sabía lo difícil que era trabajar con ellos, pero ahora que ya nos habituamos mutuamente podemos trabajar mucho mejor, lo primero que hice al llegar al salón fue poner un reglamento y decorarlo y sobre todo hacer del salón un lugar más cómodo para el aprendizaje.

Me llamo Elena. La escuela donde trabajo se llama ¨Mártires de la Independencia¨ es de horario de tiempo completo de 8:00 am a 4:00 pm y está ubicada en el poblado Los Árboles a treinta minutos del municipio de Camargo, es un poblado pequeño con pocos habitantes, la escuela sin embargo está bien equipada, en el salón de clases contamos con computadora, proyector, aire acondicionado, bocinas, pizarrón y los servicios necesarios así como una infraestructura suficiente, si bien no es lujosa y le hace falta mantenimiento tenemos un ambiente de trabajo cómodo.

La escuela tiene de igual manera una infraestructura necesaria, es una escuela de organización completa, con grupos de primero a sexto, tenemos maestras de inglés y de apoyo, también una psicóloga y una trabajadora social, el ambiente de trabajo entre docentes es muy bueno y eso ayuda a generar un trabajo cordial y relajado.

El ambiente socio económico del lugar donde está la escuela es bajo, la mayoría de los alumnos no tienen muchos recursos económicos y socialmente hablando, existe una situación de violencia y actividades ilícitas que genera en ocasiones ambientes de tensión. Muchos de los niños tienen problemas de atención por parte de sus padres ya que la mayoría tienen horarios de trabajo poco flexibles y por esta razón descuidan a los niños. En general es un buen grupo con sus pros y sus contras y ciertamente los niños de estas épocas son niños muy difíciles sin embargo estamos trabajando en ellos y espero tener una buena mejoría.

Relato específico

En el salón les encanta hablar, les gusta opinar y más que nada buscan ser aceptados, ya sea por sus compañeros, por los maestros o simplemente por un grupo en el que ellos se sientan cómodos; <u>siempre quieren brindar su opinión de cualquier asunto</u> aunque sea algo que no les compete, nunca se quedan con las ganas de hablar o preguntar u opinar. <u>El primero que inicia las pláticas es Juan</u> y a veces Dago, en especial ellos siempre tienen algo que decir acerca de los demás, de sus compañeros, de las maestras o incluso de padres de familia.

Aunque claro, por su curiosidad y sus ganas de opinar <u>en los temas educativas con los que más indagan</u>, cuando tenemos tema nuevo por aprender, siempre exprimen el tema al por mayor, preguntando absolutamente todo lo que se les ocurre, también al momento de participar se les escapan las palabras antes de que sea su turno para hablar. Hace poco con el tema del sistema solar, Dago había visto una película del espacio, de esta forma se sentía él conocedor de todo el tema y no dejaba de interrumpir, <u>supongo que le gusta tener la atención.</u>

Aunque no puedo negar que la curiosidad de unos también se contagia y eso es bueno al momento de conocer temas nuevos, ya que genera que los niños quieran saber más. Lo negativo del asunto es que también existen niños que hablan sin razón positiva, tengo a <u>Valeria que critica absolutamente todo</u> y a <u>Perla que no se queda callada ni para trabajar</u>, <u>Alex es muy suspicaz</u> y sus comentarios y preguntas son los que más me han puesto en aprietos y los de <u>Juanito los que más me hacen reír.</u>

Es resumen, opino que no solo a los niños les encanta hablar y sobresalir, debo admitir que a los maestros también nos gusta, solo que en caso de los alumnos es necesario dirigir en qué camino van esas opiniones. Además de que los alumnos siempre están interesados en tener la atención de quien está con ellos, aunque hay niños de todo tipo, les gusta sentirse importantes para alguien y si esa atención que requieren en casa no es brindada es obvio que los niños buscarán la atención por parte de sus maestros o incluso por sus demás compañeros.

Preguntas de investigación:

1. ¿Por qué los alumnos siempre quieren generar opiniones?
2. ¿Por qué los niños no se quedan callados?
3. ¿Por qué les gusta preguntar?
4. ¿Por qué les gusta tener la atención enfocada en ellos?
5. ¿De qué temas les gusta saber más?
6. ¿Por qué los alumnos critican?

(SEGUNDA SEMANA)

TRABAJO DE CAMPO

Niños que buscan atención.

Elegí el tema relacionado con el gusto que tienen los alumnos del quinto grado por hablar y opinar respecto a todos los temas, y también en base a la atención que los niños exigen.

1. ¿Por qué los alumnos siempre quieren generar opiniones?

Los niños del salón buscan compartir sus ideas y exteriorizarlas ya que en la escuela es el mejor lugar en donde ellos pueden expresarse, algunos de ellos se sienten más escuchados en la escuela que en su propia casa, es por ello que no pueden evitar buscar la atención. Para profundizar más en el tema la maestra decidió realizar una bitácora de clase en un Diario de campo donde anotó durante la semana como se desenvolvían los niños en clase, además realizó una entrevista con los niños acerca de cómo se sentían al platicar en la escuela y quien les ponía más atención en casa.

2. ¿Por qué los niños no se quedan callados?

Es natural en los niños que tengan ganas de opinar, es también normal que los alumnos busquen atención ya que es parte de la naturaleza de los niños querer sobresalir, por ello sus comentarios siempre desean compartirlos. Se realizó un video de la clase en donde realizábamos una lluvia de ideas identificando a los alumnos más participativos y también a los más inquietos.

3. ¿Por qué les gusta preguntar?

Otra característica que los niños tienen es la curiosidad, una de las maneras en que ellos aprenden es preguntando y los temas por los que sienten curiosidad son muy variados, incluso temas fuera de la escuela, preguntan de todo lo que se les ocurre y algo positivo en ellos es que la gran mayoría no tiene miedo de preguntar.

4. ¿Por qué les gusta tener la atención enfocada en ellos?

A los niños les agrada tener la atención de quienes los rodea puesta en ellos, claro que también depende de cada niño, hay niños muy reservados y hay otros que por el contrario entre más atención tengan mejor para ellos; una relación que la maestra encontró mediante la observación y debido al tiempo en que los conoce y ha podido convivir con ellos, se dio cuenta que los niños que buscan tener la atención enfocada en ellos son los que no tienen o tienen poca atención en casa, es decir, los alumnos con poca atención en el hogar, buscan aceptación, sentirse observados, o sobresalir de alguna forma, ya sea para bien e incluso en algunos casos para mal.

5. ¿De qué temas les gusta saber más?

Los niños preguntan de temas diversos, cualquier tema del que sientan duda ellos preguntan, para esto, se realizó una encuesta para saber que temas son los más llamativos para los alumnos.

6. ¿Por qué los alumnos critican?

De la manera en que los niños opinan, también critican, no es en todos los casos pero en el salón de clases hay algunos niños que siempre buscan hacer sentir mal a los demás con sus comentarios. La falta de valores y los ejemplos que los niños ven en casa son algunos de los motivos por los cuales los niños presentan estas conductas.

En el Diario de campo, las anotaciones más relevantes de la semana fueron las siguientes:

LUNES 12 DE JUNIO

En los honores los niños estuvieron muy tranquilos, en el salón de clases los más participativos por lo general son Dago, Francisco y Pilar ellos son muy participativos e inteligentes. En clase de español hablamos del bullying y la gran mayoría tuvo tiempo de opinar, sin embargo, los que más participaron fueron Dago, Alex, Walter y Juan.

MARTES 13 DE JUNIO

Hoy continuamos hablando del bullying, y según palabras textuales de Dago, se llegó a la conclusión de que ¨todos hacemos bullying pero ganan Juan y Gilberto¨

Juan vive con su abuela, ya que sus hermanos viven con su mamá, porque según a él no le gusta estar con su mamá; es un niño muy listo y ocurrente, se desespera fácilmente y le gusta que en los trabajos le preste mucha atención y le explique paso a paso.

Gilberto es un niño con muchos hermanos, en ocasiones ha llegado a ser violento e impulsivo y tiene poca atención por parte de sus padres, contesta de manera grosera e inadecuada y siente apatía por las normas.

MIERCOLES 14 DE JUNIO

Hoy asistieron pocos alumnos debido a un evento en la localidad, por lo tanto pudimos tener una plática donde rescaté ciertos aspectos importantes, muy en particular de un alumno, Dago, él siente que en su casa nadie le hace caso, su mamá es madre soltera y tiene 2 hijos más, además de que está poco en casa debido al trabajo, se siente incomprendido y solo; es un niño muy listo pero impulsivo y le agrada que le ponga mucha atención en todo momento.

JUEVES 15 DE JUNIO

Hoy se aplicó una entrevista para conocer como se sienten los alumnos con la atención que les ponen los padres.

Las preguntas que se realizaron fueron las siguientes:

1. ¿Quién es la persona que te ayuda en casa a hacer la tarea?
2. ¿Quién es la persona con quien platicas mas en tu casa?
3. ¿Quién está al pendiente de ti en casa?
4. ¿Quién y por qué es la persona a la que más confianza le tienes?
5. ¿Sientes que tus papás te cuidan y atienden lo necesario?

Algunas de las respuestas que los niños dieron fueron positivas, sin embargo, en algunos alumnos sus respuestas fueron negativas, ya que decían que nadie los ayudaba en casa, que no platicaban con nadie o peor aún, que sentían confianza por personas ajenas a su familia. Es importante destacar que los alumnos que menor atención sienten que tienen en casa son los alumnos que más problemáticas tienen en el salón de clases, y son, en su mayoría alumnos irregulares en su trabajo.

(TERCERA SEMANA)

Marco teórico.

Enseguida se describe un marco teórico referente al tema de la atención que los niños necesitan para mantener un nivel de desempeño óptimo en el aula para crear un panorama al respecto y dar una mayor claridad a la problemática sobre la cual se está trabajando.

El autor Carroll Hebert en su obra Higiene Mental manifiesta que los problemas disciplinarios se suelen desarrollar en el aula a partir de la frustración de una o más necesidades fundamentales del niño; esto va muy de acuerdo a la situación ocurrida dentro del salón de clases, los niños mas carentes de atención son lo que más inconvenientes presentan al momento de desarrollarse de manera individual o para socializar.

Somos seres humanos que necesitamos cubrir nuestras necesidades y una de esas necesidades es que a temprana edad exigimos de una guía para conducir nuestras conductas y aprender a auto regularnos, es decir requerimos quien pueda darnos un ejemplo para poder seguir conductas positivas.

No es ninguna coincidencia que los alumnos que presentan poca atención por parte de sus padres o tutores sean los alumnos que tengan más dificultades para desenvolverse correctamente en la escuela, son ellos quienes tienen más dificultades para cumplir y para relacionarse con sus compañeros.

Paul Willis, Leonor Buendía, Gloria Pérez, entre otros autores y autoras, afirman que hay una estrecha vinculación entre la Clase social y el Rendimiento Escolar. Entre menor sea el vinculo entre padre-alumno-maestro, menores son los resultados positivos que el niño aporta.

"Para formar niños y niñas seguros de sí, confiables y con una visión positiva es necesario conocer las condiciones del entorno familiar que les rodea así como su deber y responsabilidad relacionada con la labor de formación de los niños y niñas, ya que existen padres de familia que creen que su función es única y exclusivamente enviarles a la escuela y desatenderse de los hijos, situaciones que influencian negativamente en la formación integral de los niños y niñas." (León, Blanca 2013)

Algo muy importante en este tema es que como docentes debemos conocer los entornos en los que se encuentran nuestros alumnos, si bien, no podemos solucionar los problemas que los niños tengan en casa debemos apoyarlos y guiarlos de la mejor manera posible.

"Cuando la familia demuestra interés por la educación de los hijos e hijas, se preocupa por su marcha en el colegio, están en sintonía con el maestro o maestra, el rendimiento es más positivo pues hay una conexión casa-escuela que el niño percibe y que llega a repercutir en su trabajo." (Morales, Ana María 1999)

Por otro lado, tenemos alumnos que en caso contrario tienen un ambiente familiar óptimo y existen personas mayores en casa de quien pueden copiar actitudes negativas y aprender hábitos positivos que los hacen distinguirse como buenos alumnos, alumnos responsables y cumplidos y es ahí donde fácilmente podemos llegar a la conclusión de que el ambiente familiar y la atención que se le brinde al niño en casa es fundamental para su buen desarrollo en la escuela.

"La relación entre maestro y alumno debe ser tal que haga sentir al niño emocionalmente seguro. El maestro debe comprender las necesidades emocionales de sus discípulos" (Sebastiani, Ivonne 2003)

Es difícil sustituir la atención que el niño necesita directamente de casa por la atención o el apoyo que como docentes podamos brindarle a nuestros alumnos, sin embargo, somos una figura de autoridad y un ejemplo que el niño va a seguir y como bien dice Ivonne Sebastiani en su artículo "Los ambientes familiares" el docente debe comprender las necesidades emocionales del alumno y dirigir hasta donde pueda al niño para hacer de él una persona íntegra aunque no exista un apoyo de sus padres.

(CUARTA SEMANA)

Conclusión General.

A manera de conclusión puedo rescatar con ayuda de esta investigación de campo una hipótesis importante: <u>Que el docente puede ser un agente de cambio positivo en el alumno con la motivación y el apoyo necesario, a pesar de los problemas y malos ejemplos que el niño tenga en casa.</u>

Muchas veces como docentes y con tantos niños a cargo, con trabajo administrativo, cursos y demás tareas, nos parece difícil poner énfasis o atención a algunos alumnos en particular, conocerlos a fondo, saber cómo se sienten, qué les agrada, qué no les agrada y dejamos pasar por alto esos pequeños detalles que nos hacen conocer más a nuestros alumnos.

En mi muy particular punto de vista, pienso que conocer más al alumno y dedicarle tiempo, platicar con él en los recreos, preguntarle sus gustos ó compartir las comidas ó almuerzos con él, crea vínculos que hacen que el trabajo sea mejor y más agradable, muchos de nuestros niños no tienen atención en casa y por falta de esa atención se generan problemas a su alrededor, como docentes en muchas ocasiones rechazamos a esos alumnos, cuando lo que debemos realizar es totalmente lo contrario, acercarnos a ellos, apoyarlos escucharlos y generar ambientes de confianza que los fortalezcan.

Como docentes no podemos sustituir el cariño ni el amor que un padre o madre puede proporcionar, pero si somos un agente que influirá de sobre manera en el alumno, por lo tanto debemos darnos el tiempo para conocer a nuestros niños para formarlos tanto en aprendizajes como en buenos hábitos y hacer de ellos alumnos que ya no busquen atención de manera equivocada.

6
"FAMILIAS DISFUNCIONALES"

(PRIMERA SEMANA)

MARCO CONTEXTUAL

A partir del día 17 de octubre del año 2016 inicié mi labor docente en la Escuela Primaria "Josefa Ortíz de Domínguez", misma que se encuentra ubicada en la Colonia 5 de Mayo; Municipio de Aldama, Tamaulipas.

Hablando un poco acerca de la institución educativa puedo mencionar que por sus características es una escuela de organización completa porque cuenta con un docente frente a cada grado de los que conforman a la educación primaria, así como también un director, secretaria, maestro de inglés y trabajadores manuales.

Como en toda escuela, se busca la mejora de los aprendizajes de los alumnos en las asignaturas de Español (Lectura y escritura) y Matemáticas, esta institución es partícipe en el programa de Escuelas de Tiempo Completo (ETC) consideradas como un servicio educativo que tiene la misión de garantizar el derecho a una educación de calidad para todos sus alumnos, a través de una jornada más amplia y eficaz.

Para que las ETC cumplan con su objetivo de mejorar la calidad de los aprendizajes de las niñas y los niños en un marco de diversidad y equidad, propiciando el desarrollo de las competencias para la vida y el avance gradual en el logro del perfil de egreso de la educación básica, a través de la aplicación y uso eficiente del tiempo, es necesario que el director y los docentes asuman como retos prioritarios que la gestión escolar se dirija centralmente a la tarea de educar. Realicen la revisión continua y renovación positiva de su práctica educativas, y que desarrollen nuevas formas de colaboración, de relación y organización, tanto al interior del plantel como otros integrantes de la comunidad especialmente con las familias de los alumnos y las situaciones que pueden apoyar en el aprendizaje y desarrollo de niñas y niños.

Este programa se caracteriza principalmente por:

- Asegurar que todos los niños adquieran las competencias de lectura, escritura y matemáticas como herramienta básica para aprender a aprender.
- Garantizar el cumplimiento de la Normalidad Mínima de Operación Escolar.
- Garantizar el acceso a todos los niños en edad escolar y lograr que todos los educandos en sus diferentes grados, permanezcan y culminen al tiempo con el nivel educativo, con especial atención en aquellos que se encuentran en riesgo o en situación de rezago o abandono escolar.
- Establecer condiciones para la convivencia de la comunidad escolar y la formación de los individuos íntegros, basado en el respeto mutuo entre educandos.
- Desarrollar la propuesta pedagógica de las ETC expresada en las líneas de trabajos educativas.
- Ofrecer servicio de alimentación nutritiva en los casos que correspondan, conforme al marco regulador en esta materia.

- Desarrollar de manera permanente la evaluación interna tendiente al mejoramiento de la práctica profesional de los docentes y el avance continuo de las escuelas y de la zona escolar.

Todos estos con la finalidad de brindar una educación de calidad, potenciar los aprendizajes de los estudiantes y formar individuos competentes para la resolución de problemáticas que pudiesen presentárseles en su vida cotidiana.

Me llamo Jesús, y el grupo de 2° grado, que me asignaron, cuenta con 20 alumnos de los cuales 10 son niños y 10 son niñas donde las edades oscilan entre los 7 y 8 años. Les gustan las actividades que se realizan fuera de aula de clase como educación física, o prácticas dancísticas o musicales.

Existen ocasiones en las que su comportamiento no es el correcto, esto lo asocio a la infinidad de problemáticas familiares que viven en sus hogares, muchas veces estos problemas llegan a la institución y se reflejan en actitudes agresivas u ofensivas para los demás compañeros de grupo.

María Laura, Manuel, Axel e Ivania, por mencionar algunos, tienen a su familia separada (familias disfuncionales), esto marca la pauta para que se comporten como lo hacen dentro de la escuela.

Los educandos viven en un contexto semiurbano, donde las condiciones económicas son de recursos medios, pero esta situación no les impide acudir a la escuela y recibir educación, participar en las actividades de la institución educativa y de la comunidad donde están inmersos, además en esta misma sociedad, comparten costumbres, tradiciones y religión para apropiarse de una identidad y sentido de pertenencia.

Para contribuir en el aprendizaje de mis alumnos diseño mis secuencias didácticas de acuerdo a las necesidades que presenta el contexto en el que llevo a cabo mi trabajo; teniendo en cuenta estos aspectos, que son de suma importancia para potenciar los aprendizajes de los estudiantes de educación primaria, podré cumplir con el objetivo de desarrollar en cada uno de los alumnos las competencias que nos plantea el Plan y Programa de estudio 2011 de Educación Básica.

DELIMITACIÓN DEL TEMA (relato específico)

"Familias disfuncionales"

El impacto que tienen los integrantes de una familia en la educación de los estudiantes es de suma importancia para que se logren aprendizajes significativos. Por esta razón mi grupo obtiene, en algunos casos, bajas calificaciones.

María Laura, es una niña muy inquieta, agresiva e hiperactiva, ella manifiesta cuando la cuestiono acerca de sus actitudes que es porque sus papás cuando logran verse se pelean muy fuerte y siente que no existe para ellos.

Por otra parte, Axel un pequeñito de 7 años tiene a sus papás en una situación amorosa no muy buena, el padre tiene a otra mujer y él ve como su padre platica con la otra persona.

Considero que debido a las situaciones que viven estos niños, las actitudes que reflejan en clases son porque no encuentran otra manera de sacar todos los sentimientos que llevan dentro. Por ello alteran a los demás compañeritos y no logran poner la atención debida en clase.

Preguntas de investigación.

¿Por qué los niños se comportan de esta manera en clase?

¿Qué impacto tiene la presencia de los padres en la educación de los niños?

¿Cómo puedo mejorar la situación que viven los alumnos?

¿Si se realizan actividades con padres se obtienen buenos resultados?

¿Qué procedimientos se aplican en situaciones de falta de figuras maternas?

¿Se adquiere un hábito de disciplina cuando los padres interfieren en el proceso educativo?

¿Qué ocurre cuando los padres no participan lo suficiente?

(SEGUNDA SEMANA)

TRABAJO DE CAMPO

En la investigación se utilizan métodos y técnicas diversas que ayudarán a reunir los datos que se van a requerir para su análisis, así como también en la obtención de los resultados de la indagación efectuada. La recolección de datos consiste en obtener información sobre atributos, cualidades, conceptos (variables) relacionados con los participantes, eventos, sucesos, casos, comunidades, objetos que participan en el proceso de investigación.

En esta ocasión para recabar la información que me permitió conocer la raíz de la problemática que detecté en mi aula, así como sus posibles soluciones, tomé en cuenta los siguientes métodos, estrategias y/o técnicas:

1. Entrevistas individuales con alumnos, directivos, maestros y padres de familia.
2. Diario de campo.
3. Observación

Para el enfoque mixto, mismo que se utilizó en esta investigación, la recolección de datos resulta fundamental. Lo que se busca en un estudio de esta índole es obtener datos (que se convertirán en información) de personas, seres vivos, comunidades, contextos o situaciones en profundidad.

El día 14 de junio del 2017 se aplicó una encuesta con preguntas cerradas al 70% de los padres de familia del grupo, la cual arrojó los siguientes datos:

El 40% de los papás encuestados coinciden en que su participación en la escuela entorpece los trabajos que el maestro realiza ya que no cuenta con el conocimiento suficiente para trabajar en conjunto con el maestro.

El 20% manifestó que el encargado de la educación de los niños es el docente y que nadie más tiene la facultad para enseñar a sus hijos.

A diferencia de ellos, el 10% de los papás restantes llegaron a la conclusión de que su participación en la escuela y el aula de su hijo es de suma importancia para que los aprendizajes "sean buenos".

Por otra parte en lo que respecta a los docentes de la Escuela Primaria "Venustiano Carranza", manifestaron lo siguiente mientras se efectuó la entrevista individual. La pregunta fue: ¿Por qué los padres de familia de nuestra escuela no participan lo suficiente?

—Yo considero que nosotros no los hemos integrado o no les hemos delegado una función importante como las que tenemos como colectivo, siento que la apatía que los padres muestran ante la organización y participación en actividades propias de la escuela se asocia con nosotros porque no sabemos integrarlos.

—Puede ser que debido a las actividades que realizan ellos no les permitan asistir a la institución educativa para vigilar o monitorear el trabajo de sus hijos.

Comentarios como estos fueron los que maestros de diversos grados manifestaron ante las preguntas que se les realizaron en un primer momento.

Además de las entrevistas se utilizó el Diario de campo, definido como uno de los instrumentos que permite sistematizar la práctica investigativa; así como también enriquecerla y transformarla.

Con base en las anotaciones en el Diario de campo se determinó que la conducta de los niños se asocia a la diversidad de problemas que existen entre padres (peleas, gritos y violencia intrafamiliar), en pláticas con los estudiantes más afectados se llegó a la conclusión que si el papá no está lo suficientemente preparado para serlo, esto se convierte en una barrera para el aprendizaje de los niños.

—¿Cuántos años tienen tus papás? —Mi mamá tiene 22 y mi papá 24.

—¿Vives con ellos? —Si, pero la mayor parte del tiempo lo paso con mi abuelita que es la única que me quiere.

Comentarios como el anterior hechos por una alumna, fueron registrados en el Diario de campo para posteriormente buscar una manera de darle solución a la problemática.

Con la aplicación de los instrumentos mencionados anteriormente, se encontró que a la problemática es necesario darle seguimiento y contribuir a que los niños tengan una mejor educación así como también una convivencia sana y pacífica con sus familiares.

(TERCERA SEMANA)

REVISIÓN TEÓRICA

En cuanto al tema "Niños agresivos por la falta de la presencia de los padres" se encontraron en Google Académico artículos como: "Discapacidad, Familia y logro Escolar"; publicado en la Revista Iberoamericana de Educación. Autor: Pedro Sánchez Escobedo. Universidad Autónoma de Yucatán, de donde se extrajeron los siguientes párrafos, que nos dan alguna información adicional sobre el tema de la familia y su impacto en la educación de los niños:

La familia es la primera institución que ejerce influencia en el niño, ya que transmite valores, costumbres y creencias por medio de la convivencia diaria. Asimismo, es la primera institución educativa y socializadora del niño, "pues desde que nace comienza a vivir la influencia formativa del ambiente familiar" (Guevara, 1996, p. 7).

A través de la interacción con sus hijos, los padres proveen experiencias que pueden influir en el crecimiento y desarrollo del niño e influir, positiva o negativamente, en el proceso de aprendizaje (Korkastch-Groszko, 1998).

Nord (1998), afirma que "el involucramiento de los padres en la educación de su hijo es importante para el éxito escolar, pero no todos los niños tienen padres quienes se involucren en su escuela" (p. 1). Esta influencia familiar es particularmente importante cuando en la familia uno de los hijos presenta algún tipo de discapacidad.

La participación de los padres en la educación del hijo, ha sido definida de diversas maneras. Por ejemplo, como "la asistencia a eventos escolares (Stevenson y Baker, 1987), la realización de lecturas en casa por padre-hijo (Morrow, 1989), ayudar al hijo con su tarea" (Walberg, 1984) (citado por Grolnick, et al., 1997, p. 538).

Lewis (1992) define la participación de los padres como "aquellas actividades que apoyan a la escuela o a la educación del hijo". Georgiou (1996) se refieren a la participación de los padres como "las visitas impersonales que los padres realizan a la escuela en un año escolar, para informarse sobre el rendimiento del hijo o de la administración escolar" (p. 33).

Por otra parte en el artículo "Influencia de la familia en el proceso educativo de los menores del barrio Costa Azul de Sincelejo (Colombia)", publicado en la revista Investigación y Desarrollo por Rosa Elena Espitia Carrascal y Marivel Montes Rotela; se tomaron en consideración los siguientes párrafos:

Para Ruiz y Zorrilla (2007), el capital cultural de las familias es uno de los factores favorecedores de los procesos de mejoramiento escolar, ya que el núcleo familiar es considerado por muchos autores como el ámbito de cultura primaria del niño y donde se imprime el valor que se le otorga a la educación y a la escuela, así como el grado de involucramiento para la resolución de las tareas y dificultades escolares.

En lo concerniente al proceso educativo, López (2004) afirma que la escolarización exige tareas que deben compartirse entre la escuela y la familia, tales como: el diálogo, la descripción, la narración, la lectura, la escritura, los cálculos, la observación, etc., que necesariamente son "dotaciones" que el niño debe tener y que se demandan continuamente no sólo cuando se inicia la educación, sino hasta el momento de la graduación.

Las relaciones y los comportamientos sociales que manifiestan los niños en la escuela están estrechamente influidos por las normas que se practican en el hogar; si existen buenas relaciones de afecto, respeto, buenos hábitos, buena comunicación y paz en la convivencia familiar, así será el comportamiento de los niños en otros espacios sociales, porque el niño es un imitador de los ejemplos que ve a su alrededor.

(CUARTA SEMANA)

CONCLUSIÓN GENERAL

Basándose en la aplicación de los instrumentos dentro del aula y la escuela, se observó que existía un problema en cuanto la participación de los padres. Pero con el desarrollo de las estrategias planificadas y las dinámicas de integración se rompió con el esquema de que los papás no deben participar.

El uso de algunos juegos en el aula, tuvieron excelentes resultados porque ayudaron a facilitar la introducción de los papás en el área de conocimiento. Por otra parte, propiciaron el aumento de la motivación y desarrollo personal en el niño.

Posteriormente se percibió un avance significativo en el trabajo del alumnado fomentando el respeto, turno de palabra y atención. Así que en pocas palabras se puede decir que: "Los papás en el aula mejoran la atención y el respeto de los niños hacia el maestro y sus compañeros de clase".

ACCIÓN DOCENTE

Para darle seguimiento a este proyecto se pretende emprender una serie de actividades que, en compañía de los papás, se desarrollen para el mejoramiento de los aprendizajes de los niños y que de esta manera la convivencia sea sana y pacífica.

Considero que para brindar una mejor educación es necesario la participación de tres agentes: el maestro, el niño y el padre de familia; jerarquizándolo de esta manera el docente es la cabeza en el proceso educativo, después el niño que es quien asiste a la escuela a estudiar y por último el padre de familia quien monitorea las actividades realizadas, manteniendo la comunicación entre ellos, el aprendizaje será significativo.

7
"TRABAJO EN EQUIPO"

(PRIMERA SEMANA)

MARCO CONTEXTUAL (Relato general)

Trabajo en una comunidad rural llamada Carbonera Norte situada en el municipio de San Fernando, en el Estado de Tamaulipas, donde la actividad económica principal es la pesca.

Hay 2,693 habitantes. En la localidad hay 1412 hombres y 1281 mujeres. Del total de la población, el 36,84% proviene de fuera del Estado de Tamaulipas. El 7,69% de la población es analfabeta, el 4,34% de la población es indígena, y el 1,78% de los habitantes habla una lengua indígena. El 0,00% de la población habla una lengua indígena y no habla español, el 33,68% de la población mayor de 12 años está ocupada laboralmente.

La escuela cuenta con barda perimetral, baños, aula de cómputo que no está en funcionamiento debido a que no cuenta con el equipo necesario, desayunador, techumbre, cancha deportiva, biblioteca, dirección, 6 aulas,1 maestro para cada grado, 1 director, 2 maestros de inglés,1 conserje, luz y agua entubada.

Mi aula cuenta con aire acondicionado pero aún así es muy calurosa y cuando se va la luz tenemos que salir al patio a tomar la clase.

Me llamo Lilia, mi grupo de tercer grado está compuesto por 30 alumnos; 13 niñas y 17 niños con edades de 7 y 8 años, la mayoría de los alumnos son muy inquietos, faltan de manera constante y a excepción de unos cuantos sus aspiraciones son que al crecer van a trabajar en la pesca igual que sus padres, por lo que ha sido difícil hacer que se interesen por ir a la escuela y aprender, su interés principal al asistir a la escuela es jugar con sus compañeritos y algunos incluso son obligados a ir a la escuela. A pesar de esto son niños buenos que guardan mucho respeto a todos los maestros, jamás contestan de mala manera y siempre están dispuestos a ayudar en lo que se les solicite, corren en las mañanas para saludarme y no se van sin antes decirme hasta mañana maestra, encontrarme con niños que tienen ese respeto y aprecio por los docentes ha sido mi mayor satisfacción en estos tiempos donde la docencia es tan poco valorada.

Siete alumnos aún no saben leer; algunos por falta de madurez y otros porque están muy descuidados por parte de sus padres. Considerando que son niños de 3° y que todas las actividades del grado requieren que sepan leer este problema me hace sentir frustrada pues he tenido que trabajar de manera diferente con ellos y aún así el avance no es suficiente ya que los niños faltan mucho o no quieren realizar las actividades.

He comprado muchos cuentos cortos y trato de leerles a diario para interesarlos en la lectura, he invitado a madres de familia a leerles y ha funcionado bastante bien, aunque les falta a todos subir un poco su nivel de lectura han mejorado considerablemente.

Todos los niños son muy activos y juegan mucho, les encanta salir a educación física; casi todos los niños juegan fútbol y a las niñas les gusta saltar la cuerda. En el salón tenemos diversos juegos para salir un poco de la rutina y que no se les haga tan pesado su día. Algunos ejemplos de estos son la lotería de números que cuenta también con cálculo mental de sumas, restas y multiplicaciones, rompecabezas, cubo rubik, contador para jugar en equipos y armar el número que se les solicite, lotería de palabras, dominó, entre otros.

Los ejercicios que aplico son simples y los realizan la mayoría de las veces en parejas o grupos pequeños pues tienen mucha inseguridad respecto a sus habilidades y esto les da confianza y los anima a llevar a término su trabajo para poder presentarlo con el resto de su equipo y los niños que dominan rápidamente el material se motivan para asegurarse que sus compañeros también dominen el material o alcancen la meta propuesta.

Los padres de familia no se involucran mucho en el proceso de enseñanza-aprendizaje de sus hijos, la mayoría no se presenta en la escuela a menos que se le mande llamar y aún así hay que llamarle más de una vez para que se presente. Los niños llegan y se van solos o acompañados por sus hermanos mayores.

Mis compañeros maestros ya tienen varios años trabajando en la comunidad y desde el inicio me dijeron que no me desgastara tanto con los niños y los padres pues son muy cerrados de mente y no los iba a cambiar, pues la mayoría ve a la escuela como una guardería donde dejar a sus hijos mientras ellos se van a trabajar. Ha sido frustrante descubrir que mis compañeros tenían razón sobre la comunidad, pero aún así he trabajado todo el ciclo de la manera en que lo había planeado y aunque he tenido algunos tropiezos ya casi acabamos el ciclo escolar y podría resumirlo como un año satisfactorio.

Mi escuela está en el programa de tiempo completo por lo que trabajamos de 8:00 a.m. hasta las 4:00 p.m. teniendo un receso de 10:30 a las 11:00 a.m. entre las 9:00 y las 10:00 a.m. van pasando por grupos al comedor para tomar el almuerzo y de 1:00 a las 2:00 p.m. pasan a comer. No hay un segundo receso como se supone debería haber para que los niños jueguen o compren una golosina, esto es orden del director porque asegura que en años anteriores los maestros no respetaban el tiempo de descanso y se quedaban más tiempo fuera de las aulas.

Lo que más me gusta de mi escuela y la comunidad es la tranquilidad con la que se vive, sin tráfico ni prisas, ver volando sobre la escuela las diferentes aves que son parte de la fauna local, sentarme en el foro y sentir el viento fresco que sopla la mayor parte del día desde la laguna madre.

DELIMITACIÓN DEL TEMA (Relato específico)

Comencé a trabajar en parejas y grupos pequeños porque muchos niños aún batallaban para leer y escribir, asimismo se confundían con cantidades que ya involucraban las centenas, tuvieron un cambio de maestro durante el segundo grado y eso causó cierta inestabilidad en el mismo, por lo que estaban algo atrasados en los temas antes mencionados.

Esta forma de trabajar al principio fue muy difícil pues los niños que entendían las indicaciones y tenían el conocimiento necesario para aplicarlas realizaban el trabajo y ponían a los demás compañeros a copiarlo, al no ser ese el objetivo de reunirlos en equipos podría decirse que por algún tiempo no logré lo que pretendía, sin embargo poco a poco eso ha ido cambiando, al inicio tenía pocos alumnos a los cuales confiarle la dirección de un equipo y actualmente ya puedo apoyarme en más alumnos.

Estoy convencida de que el proceso de enseñanza-aprendizaje es un proceso social donde colaboras con otros y que yo como docente debo promover en mi aula un aprendizaje de cooperación que ayude a todos los niños a lograr los objetivos planteados que le permitirán enfrentarse a la sociedad de hoy. Asimismo, propiciar un clima en el aula de respeto y apoyo mutuo. Creo que el trabajo cooperativo es esencial para promover un clima de diálogo, de participación y de reflexión entre todos.

Considero a mis alumnos como agentes activos en el proceso de enseñanza-aprendizaje, que tienen mucho para decir y aportar pero que de manera individual temen expresarse, el trabajo en equipos les da esa confianza, ese empuje a expresarse libremente, aunque fallen, al relacionarse con otros dialogan, reflexionan y construyen su propio conocimiento.

PREGUNTAS DE INVESTIGACIÓN

1. ¿Qué tan difícil es para un niño de tercer grado no saber leer y escribir?

Cada niño tiene su ritmo de desarrollo y enseñarles a leer mientras no les interesa y no es su momento, significa presionarles. Y la presión, evidentemente, desmotiva, y lo que no motiva es muy difícil que se aprenda significativamente.

Eso les pasó a estos pequeños que tengo ya en tercer grado y que aún no saben leer y escribir de manera convencional, fueron presionados y desmotivados porque el sistema nos obliga a los docentes a que el niño aprenda algo de acuerdo al grado que está cursando y no de acuerdo a la madurez en la que se encuentra.

Pero dejando de lado las culpas es muy difícil para estos niños estar en 3° y aun no dominar la lectura y la escritura, aunque sean muy buenos en cualquier otra área cada vez que tienen que leer y escribir algo sufren porque para ellos la actividad siempre les toma más tiempo y no siempre les queda bien a la primera, además de tener que depender muchas veces de la ayuda de un compañero, es por ello que en muchas ocasiones la frustración aparece y el niño desiste de realizar el trabajo.

2. ¿Por qué es necesario estar al pendiente de lo que se está trabajando en los equipos?

El papel del docente en el trabajo por grupos también es importante. En primer lugar hay que dejar muy claros los objetivos y el desarrollo del trabajo que se va a llevar a cabo y, cuando los alumnos comiencen a trabajar, mantenerse accesible por si surgen dudas. Aunque se debe respetar el funcionamiento y la organización de cada equipo, es importante observar el desarrollo de las tareas, intervenir si surge algún problema y redirigir el trabajo en caso de ser necesario. De este modo se está al tanto no solo del resultado sino también de cómo se ha desarrollado el proceso, el grado de socialización, la forma de trabajar y la contribución de cada miembro del grupo.

3. ¿Qué debemos hacer si en un equipo algunos alumnos no quieren apoyar a los demás?

Algunas veces tenemos alumnos que se niegan a participar en su equipo y eso indica que algo está fallando en ese equipo. Algunos de los problemas pueden ser rivalidad entre los miembros, negatividad, falta de participación, que un integrante acapare la palabra o falta de liderazgo. Es importante hacer un análisis que nos permita descubrir el problema y darle una solución efectiva.

Cabe señalar que es conveniente no presionar al equipo, así tendrán más probabilidad de éxito, enseñarles a trabajar en equipo y darles más tiempo para que puedan llevar a término su trabajo.

4. ¿Cómo hacer que todos los niños colaboren en sus equipos?

Al momento de elegir los grupos, debemos tener en cuenta las afinidades de los estudiantes. Para ello, se debe distribuir a los alumnos en equipos de trabajo que incorporen diversas visiones, niveles y formas de trabajar. Se tiene que dedicar un tiempo a analizar la clase y mezclar alumnos capaces de ayudar al resto, estudiantes con dificultades y alumnos que se mantienen en la media del aula. De este modo unos aprenderán de otros y estaremos aprovechando este potencial para que aprendan a aprender y contribuyan al resultado final con sus fortalezas. Si durante el desarrollo del trabajo se detecta algún problema se puede cambiar la distribución de los grupos. Con la práctica se irán estableciendo unos equipos compensados que podremos utilizar siempre que trabajemos de forma cooperativa

5. ¿De qué manera se consigue que durante el trabajo se mantenga el respeto entre compañeros?

Los conflictos son situaciones de crisis que surgen cuando las inquietudes de dos o más personas parecen incompatibles, si surge un conflicto en alguno de los equipos no debemos ignorarlo, aunque si podemos esperar un poco para ver cómo se desarrolla en conflicto, escuchar atentamente para después actuar y dar una solución con el grupo, de ser necesario se puede dar un tiempo para calmar a los integrantes.

Si se maneja bien el conflicto podemos cambiar el efecto del mismo, se conocen mejor los integrantes, se clarifican ideas e incluso puede aumentar la creatividad.

6. ¿Qué se necesita para que el trabajo en equipo no se convierta en tiempo de juego para los alumnos?

Lo ideal para lograr un trabajo fluido y evitar problemas de organización es crear grupos que no sean demasiado grandes. Y, para aprovechar todas las ventajas del trabajo colaborativo, tampoco pueden ser demasiado pequeños ya que se perdería la diversidad de roles y la interacción.

Crear grupos equilibrados, teniendo en cuenta las afinidades de los estudiantes, adaptar el espacio para que el trabajo colaborativo se desarrolle de forma adecuada y facilite la comunicación entre los miembros del grupo, establecer unas normas de comunicación y actuar como conductor y observador pues es importante observar el desarrollo de las tareas, intervenir si surge algún problema y redirigir el trabajo si se detectan errores.

(SEGUNDA SEMANA)

TRABAJO DE CAMPO (Descripción de lo que se hizo y los resultados obtenidos)

Lo primero que se realizó para llevar a cabo esta investigación-acción fue conversar sobre el tema de manera informal, no estructurada, con docentes de diferentes grados, de manera libre, sin presión, donde pudieron dar su opinión en relación al trabajo colaborativo y sus posibles alcances en el aprendizaje y desarrollo de las habilidades sociales. Se expresaron muchas opiniones, creencias, con diferentes miradas, pedagógicas, sociológicas.

Luego de escuchar las opiniones y creencias de los docentes se buscó observar una clase para ver cómo los alumnos se comportaban específicamente a la hora de realizar una actividad grupal. Finalmente, una profesora de 2° grado me permitió observar una clase en la que tenía preparada una actividad cooperativa. Con esta observación se obtuvo información relativa al comportamiento de los alumnos frente a una actividad colaborativa, y sobre las estrategias que utilizaba la docente para formar grupos de trabajo.

Luego se solicitó una entrevista al profesor de sexto por ser el docente con más años en esta escuela, que podría entregar una visión más completa de lo que sucede y de lo que sucedía antes en el plantel con relación al tema en cuestión. Con esta entrevista se obtuvo información relativa a la manera de concebir el proceso de enseñanza-aprendizaje por los docentes, del rol del plantel a la hora de promover instancias de participación y reflexión tanto para los docentes como para los alumnos, y la visión sobre el trabajo colaborativo.

También se observó a los alumnos en el patio en tres ocasiones diferentes cuando debían organizar actividades culturales y deportivas. Estas observaciones aportaron información con relación a la capacidad de organización y el nivel de autonomía de los alumnos.

Cuando se planteó el problema se creía que los profesores no hacían trabajo colaborativo porque consideraban que los alumnos no sabían hacerlo, no tenían las capacidades. Sin embargo, tras analizar todas las instancias de recogida de información se llegó a la convicción de que hay muchas otras razones, creencias y supuestos por las cuales el trabajo colaborativo no es una actividad muy recurrente en esta escuela:

☐ Los alumnos no tienen las capacidades para realizar trabajo colaborativo.
☐ Se pierde mucho tiempo al tratar de organizar a los alumnos.
☐ Los alumnos no tienen autonomía
☐ El trabajo en equipo no es bien visto por los directivos, porque los alumnos hacen mucho ruido, se paran, conversan.
☐ El aprendizaje es muy individualista. Hay poco espacio para el diálogo, la reflexión.
☐ El plantel no promueve instancias de colaboración ni en los alumnos ni en los docentes.

(TERCERA SEMANA)

REVISIÓN TEÓRICA (Colocar aquí los párrafos extraídos de la información localizada).

El trabajo colaborativo, como sostienen Johnson y Johnson (1999) y Pujolás (2002) tiene una larga data. Ya Commenuis en el siglo XVI creía firmemente en esta estrategia y en el siglo XVIII, Joseph Lancaster y Andrew Bell utilizaron los grupos de aprendizaje colaborativo que más tarde exportaron a Estados Unidos.

En este país Francis Parker se encargó de difundir esta estrategia y John Dewey introdujo el aprendizaje cooperativo como un elemento esencial de su modelo de instrucción democrática. Sin embargo, hacia fines de los años treinta, la escuela pública empezó a enfatizar el uso de la competencia interpersonal.

A mediados de los años sesenta, los hermanos Roger y David Johnson empezaron a formar docentes en el uso del aprendizaje colaborativo en la Universidad de Minnesota.

La fundamentación teórica del aprendizaje colaborativo se basa en cuatro perspectivas teóricas, la de Vygotzki, la de la ciencia cognitiva, la teoría social del aprendizaje y la de Piaget. Como sostiene Felder R, y Brent R (2007), Vygotzky y Piaget promovieron un tipo de enseñanza activa y comprometida, al plantear que las funciones psicológicas que caracterizan al ser humano, y por lo tanto, el desarrollo del pensamiento, surgen o son más estimuladas en un contexto de interacción y cooperación social.

Según Johnson y Johnson (1999), la más influyente teorización sobre el aprendizaje cooperativo se centró en la interdependencia social. Esta teoría postula que la forma en que ésta se estructura determina la manera en que los individuos interactúan, lo cual, a su vez, determina los resultados.

La interdependencia positiva (cooperación) da como resultado la interacción promotora, en la que las personas estimulan y facilitan los esfuerzos del otro por aprender. La interdependencia negativa (competencia) suele dar como resultado la interacción de oposición, en las que las personas desalientan y obstruyen los esfuerzos del otro. La interacción promotora lleva a un aumento en los esfuerzos por el logro, relaciones interpersonales positivas y salud psicológica. La interacción de oposición y la no interacción llevan a una disminución de los esfuerzos para alcanzar el logro, relaciones interpersonales negativas y desajustes psicológicos.

Según Zañartu (2003) el aprendizaje colaborativo está centrado básicamente en el diálogo, la negociación, en la palabra, en el aprender por explicación. Comparte el punto de vista de Vygotskzy sobre el hecho de que aprender es por naturaleza un fenómeno social, en el cual la adquisición del nuevo conocimiento es el resultado de la interacción de las personas que participan en un diálogo. El aprender es un proceso dialéctico y dialógico en el que un individuo contrasta su punto de vista personal con el otro hasta llegar a un acuerdo. Este diálogo no está ajeno a la reflexión íntima y personal con uno mismo.

El aprendizaje colaborativo aumenta la seguridad en sí mismo, incentiva el desarrollo de pensamiento crítico, fortalece el sentimiento de solidaridad y respeto mutuo, a la vez que disminuye los sentimientos de aislamiento (Johnson y Johnson, 1999).

Entre las capacidades que se promueven con el aprendizaje cooperativo se pueden mencionar autonomía individual y de grupo, cumplimiento de compromisos y actitud de comunicación. Asimismo, la bondad de propiciar el desarrollo de habilidades cognitivas en los alumnos, tales como: aprender a procesar la información, analizar, sintetizar, además de socializar, lo que conduce a la comprensión de que mediante el trabajo grupal los resultados que se obtienen, alcanzan mayor amplitud por la interacción cognitiva de los integrantes y aumenta la visión de la realidad de todo estudiante.

Zañartu (2003) hace una distinción entre aprendizaje cooperativo y aprendizaje colaborativo, a diferencia del resto de los autores que tienden a homologar ambos términos. Según la autora, citando a Dillenbourg (1996) y a Gros, (2000), el aprendizaje cooperativo requiere de una división de tareas entre los componentes del grupo. Citando a Brufee (1995), la autora sostiene que el enfoque colaborativo es el que requiere de una preparación más avanzada para trabajar con grupos de estudiantes.

El aprendizaje colaborativo cambia la responsabilidad del aprendizaje del profesor como experto, al estudiante, y asume que el profesor es también un aprendiz. Citando nuevamente a Bruffee (1995), considera los dos enfoques como si fueran lineales, y sostiene que el aprendizaje colaborativo está diseñado para entrar justo cuando el cooperativo sale o termina. Esta transición puede verse como un continuo que se desplaza desde un sistema muy controlado y centrado en el profesor a un sistema centrado en el estudiante, donde el profesor y los estudiantes comparten la autoridad y el control del aprendizaje.

Los autores coinciden en señalar que el hecho de juntar a los alumnos y permitir su interacción no significa que el aprendizaje aumentará, que se producirán relaciones de alta calidad entre pares o que mejorará la adaptación psicológica, la autoestima y la competencia. Los alumnos pueden facilitar u obstruir el aprendizaje de los demás o pueden ignorar por completo a sus propios compañeros. La forma en que se interactúe dependerá de la manera en que los docentes estructuren la interdependencia en cada situación de aprendizaje.

(CUARTA SEMANA)

CONCLUSIÓN GENERAL (Redactar en forma concisa el resultado obtenido).

Toda la evidencia recogida indica que la mayoría de los docentes de la escuela Lucio García Zúñiga no incluyen en sus clases trabajo colaborativo por las razones ya expuestas. Los alumnos no han desarrollado en gran medida capacidades cognitivas superiores, ni tampoco habilidades sociales. Todo esto influye en el bajo rendimiento de los alumnos, en la mala calidad de sus aprendizajes y en su falta de autonomía y capacidad de organizarse a la hora de llevar a cabo tareas en conjunto.

En un principio el problema se planteó desde la perspectiva del docente. ¿Por qué el docente no emplea el trabajo colaborativo en el aula? Es decir, se consideró al docente como el mayor responsable de la falta de trabajo colaborativo en el aula. Luego de leer literatura relacionada con el tema, se pudo comprender que la escuela tiene un rol fundamental a la hora de promover el trabajo colaborativo, y que esta estrategia es de suma importancia para desarrollar en los jóvenes habilidades cognitivas y sociales para hacer frente a los desafíos de la sociedad actual. Entonces el problema ahora se plantea de la siguiente manera:

¿Cómo propiciar en la comunidad educativa una cultura de la cooperación que lleve a los jóvenes a desarrollar las habilidades necesarias para hacer frente a las demandas de la sociedad de hoy?

A través de la comprensión de parte de los docentes, pero por sobre todo del equipo de gestión de la comunidad educativa, ya que el trabajo colaborativo es una estrategia que se debe desarrollar en el aula y en la escuela, por las muchas bondades que conlleva a la hora de desarrollar habilidades en los alumnos.

ACCIÓN DOCENTE

Será necesario comprender y reflexionar entre todos sobre el trabajo colaborativo, lo que, sin duda, implicará que más de algún docente tenga que replantearse la visión que tiene sobre la educación y de cuál es el objetivo de ésta. Más de algún docente tendrá que desarrollar habilidades para promover el aprendizaje cooperativo, y de seguro tendrá que cambiarse muchos aspectos de su práctica, partiendo por cambiar la estructura de sus clases, donde se asegure un espacio para que propicie el trabajo cooperativo, y con ello el diálogo, la reflexión. Todos tendremos que modificar la forma de enseñar y la forma de aprender. Es un cambio, un desafío, que necesitará de la participación, la motivación y el compromiso de todos.

8

"FOMENTANDO EL INTERÉS EN LOS NIÑOS"

(PRIMERA SEMANA)

UN RELATO GENERAL SOBRE LA REALIDAD COTIDIANA.

Soy maestra de educación preescolar en el jardín de niños "Amalia Castillo" que está ubicado en una comunidad de la Ciudad de Miguel Alemán, Tamaulipas llamado Canales. Para llegar a la comunidad se hace por medio de una carretera cuyo tiempo de traslado es de 35 minutos. La infraestructura del kínder es la adecuada, toda bardeado, tiene portón y está pintado con colores llamativos y dibujos que llaman la atención de los alumnos, los salones de clases son de concreto y todos cuentan con mesas y sillas para los niños, escritorios, aires acondicionados, computadoras de escritorio, internet y garrafón de agua, son un total de cuatro educadoras, una directora, un intendente, una cocinera y un ayudante, la escuela cuenta con una biblioteca escolar recién inaugurada y un comedor, se les ofrece a los niños que gusten el almuerzo, obteniéndose con el apoyo del DIF, los baños están separados los de los niños y las niñas cada uno cuenta con dos baños (uno pequeño y otro del tamaño normal).

Me llamo Joanna. Mi grupo es el más numeroso del jardín de niños, imparto clases a niños de 2º de preescolar, durante mi formación es la primera vez que me he enfrentado con un grupo muy amplio, son un total de treinta y dos alumnos (catorce niños y dieciocho niñas), la edad es de 4 a 5 años, son muy activos y les gusta realizar cosas nuevas y utilizar variados materiales al realizar actividades, en ocasiones ellos mismos proponen los materiales que desean utilizar como pinturas, gises, marcadores, dependiendo la actividad que esta por trabajarse.

Al ingresar por la mañana al jardín de niños, algunos de los alumnos les gusta estar con la maestra en la entrada recibiendo a sus compañeros, los alumnos están conscientes que al entrar al salón y escuchar el timbre deben de guardar algún material que estén utilizando o si traen algún juguete, debido a que el portón se abre a las 8:45 a.m. y se les permite tomar algún rompecabezas o cartas de vocales, jugar con su juguete en lo que se dan inicio a las clases.

Al dar inicio a las clases se da la bienvenida a los alumnos y les pregunto cómo amanecieron y continuamos cantando la canción de "sol solecito" para recordar los días de la semana y así identificar en que día estamos, son seis niños los más inquietos y desordenados de la clase debido a que molestan a sus compañeros al quitarles alguna de sus pertenencias, dicen palabras incorrectas, son un poco agresivos con empujones, y batallan en permanecer sentados en su lugar, al explicar el tema de la clase o dar a conocer lo que realizarán la atención de los alumnos es muy dispersa y se distraen con cualquier cosa, hay que estar llamando su atención constantemente y manteniéndolos ocupados en actividades extras como ayudante de la maestra, sin embargo esos alumnos son muy inteligentes, al realizar sus trabajos o actividades con una sola ves que se les explica lo realizan por sí solos y rápido. Cuando terminan su trabajo, como faltan compañeros por terminar, se les da la oportunidad de tomar un poco de plastilina o un rompecabezas en lo que todos los demás alumnos terminan.

Se implementaron estrategias para mantener el control de los alumnos durante las actividades, una de ellas fue que el alumno mejor portado del día podrá llevarse el guiñol llamado el Sr. Conejo, al implementarse esa estrategia se obtuvieron mejores resultados debido a que todos <u>están muy encariñados</u> con el guiñol y querían llevárselo a sus casa para <u>vivir grandes aventuras</u> y otra de las estrategias fue que cada alumno cuenta con una tirita de listón todos iniciaron con el largo del listón del mismo tamaño y al realizar alguna <u>conducta inadecuada</u> se les va cortando un pedacito y al final del mes solo llevarían premio los que permanecieron con su listón más largo. Se tuvieron que implementar estas estrategias debido que al principio se batalla al mantener el control del grupo debido a que la mayoría de ellos <u>son muy demandantes</u> que querían obtener la <u>atención completa</u>.

Durante la realización de las actividades a los niños les gusta mucho <u>utilizar materiales variados</u> y diferentes, cuando implementé la situación didáctica de los experimentos los alumnos estaban <u>asombrados e interesados</u> en lo que se realizaba al observar lo que pasaba y al <u>manipular materiales</u> como fue harina, pintura, globos, etc.

A los niños le gustar recortar, pegar y <u>manipulan las tijeras muy bien</u> ya las toman correctamente y comparten el pegamento que se debe de encontrar en el centro de la mesa para que todos puedan alcanzar.

Me gusta mucho que ya se observa unos alumnos más maduros cuando están haciendo su trabajo entre ellos <u>se ponen a platicar y se escuchan risas de lo que se están contando</u> y se acostumbraron que <u>al trabajar escuchan música</u> bajito se les pone música como instrumental o de Cri Cri que les ayuda en la <u>concentración y relajación de su cuerpo</u>.

De vez en cuando se realizan <u>actividades al aire libre</u> les gusta mucho salir y utilizar los gises para pintar el piso de acuerdo a la que se esté viendo como por ejemplo una vez salieron a anotar las vocales en el piso o los números del 1 al 10, o a realizar dibujos utilizando las figuras geométricas, a realizar ejercicios de motricidad gruesa como saltar, correr, de equilibrio, todas fueron <u>actividades de su agrado.</u>

<u>Se les motiva y estimula </u>a los alumnos con calcomanías, dulces, globos cuando realizan algo correctamente como <u>portarse bien</u> en clase y con sus compañeros, cumplir el reglamento escolar que se realizó con reglas propuestas por ellos. Y con <u>palabras motivadoras</u> como gracias, fuiste muy amable, que lindo, que bien que ayudaste a tu compañero, son muy guapos, bonitas, cuando se presenta la oportunidad se las menciono con regularidad y <u>los alumnos se sienten muy contentos al escucharlas expresando una sonrisa</u> y eso ayudó a que se obtuviera <u>mayor confianza al dirigirse</u> hacia mí y ya ellos mismos también las utilizan y las demuestran al acercarse conmigo y darme las gracias, decirme te quiero mucho maestra, darme abrazos y contarme alguna situación que pasaron en su hogar.

Los alumnos <u>son muy participativos</u>, todos quieren participar cuando se realiza algún juego en el pizarrón y <u>expresar sus ideas</u> cuando se cuestiona algo, solo hay el caso de dos niñas que son muy serias y no participan pero se les toma en cuenta y se les pregunta las cosas directamente y las responden, les gusta <u>asistir a la biblioteca escolar</u> y escuchar cuentos, antes de iniciar el cuento se batalla un poco en <u>mantener la atención</u> de todos debido a que entran muy emocionados y quieren tocar todos los cuentos y se les recuerda las reglas de la biblioteca y se les menciona que hay una camarita donde nos está observando la directora de la escuela y ya después del recordatorio y de cantar la canción de la lechuza la mayoría se controla y se tranquiliza.

La hora de salida de los alumnos es a las 12:30, cuando hay algún recado para los padres de familia se les solicita que ingresen al salón para comentarles el recado o si no, se anota en un pizarrón que se encuentra a un lado de la puerta, antes de entregar a los niños <u>nos despedimos con una canción</u> y se les menciona todos los días que solo se puede levantar de su silla el alumno que escucha su nombre y se van entregando uno por uno, cuando alguna madre de familia ha querido hablar conmigo algún detalle del alumno o una situación familiar se les comenta que me esperen tantito en lo que entrego a los niños y <u>se le invita a pasar al salón para escuchar y platicar la situación</u>, hasta el momento no ha ocurrido ningún problema con alguna madre familia debido que se les menciona cualquier detalle de su hijo por ejemplo si dijo malas palabras, si agredió a algún compañero, si no quiso trabajar o si anduvo inquieto.

Al retirarse todos los alumnos acomodo los trabajos realizados en el día, guardo algún material que haya quedado desordenado y organizo mis cosas, y las educadoras nos reunimos en la dirección por si hay alguna indicación por parte de la directora o platicar alguna situación presentada en el día. <u>El ambiente laboral es muy bueno</u> y de <u>compañerismo.</u>

UN RELATO ESPECÍFICO y elaboración de: Las preguntas de investigación.

Fomentar el interés y asombro en niños de 4 a 5 niños.

En el salón de clases los alumnos <u>son muy participativos</u> y les encanta realizar actividades donde implique <u>utilizar materiales variados</u> como pintura, hacer experimentos, manipular objetos, salir al patio y por lo mismo que la mayoría de los alumnos demandan mucha atención y <u>son muy inquietos</u> hay que estar en <u>constante motivación y estímulo</u> para que no pierdan el interés de la clase.

Por eso por lo regular cuando se da inicio a un tema diferente desde el principio trato de llamar la atención de los estudiantes por querer conocer acerca de lo que se va a aprender por ejemplo conocer acerca de las cartas, para involucrarlos en el tema comienzo platicándoles a los alumnos sobre una anécdota en particular y al saber que a mí me pasó como su maestra ya obtengo interés de ellos para conocer lo sucedido y durante la plática los involucro al realizar preguntas abiertas para que ellos participen. Pero en ocasiones algunos alumnos se distraen con cualquier cosa y ya se pierde el interés como en el caso de Joseph que quiere comentar del tema pero dice otra cosa muy diferente, y lo hace para llamar la atención de sus compañeros y todos se ríen de lo que dice, o el alumno Abisaí que si no participa en cualquier juego, opinión o algo el alumno no controla sus emociones y se enoja y llora, se habla con él y se le da entender que hay que darle oportunidad a otros de sus compañeros pero al momento que pasa eso ya se pierde la atención de sus demás compañeros debido a que se empiezan a distraer al platicar entre ellos o a quererse levantar a ir tomar agua. Con el alumno Antonio la situación es que falta mucho a clases y pierde la continuidad de las actividades realizadas y cada vez que va, es volver a empezar a que regule su conducta debido a que le gusta mucho llamar la atención y de la nada comienza a hacer ruidos o a ser agresivo con sus compañeros de la mesa. Se habla con su mamá sobre el comportamiento del alumno y se le cuestiona del por qué el alumno falta a clases y solo menciona que por enfermedad o se quedó dormido o se encontraba el niño con el papá.

Y al presentarse alguna situación ya es más difícil volver a interesarlos en el tema porque ya se perdió la continuidad, para ello utilizo canciones o juegos como arriba las manos o para que toquen e identifiquen alguna parte de su cuerpo, cuando no funciona ninguna de las cosas mencionadas se les recuerda que no se llevarán el guiñol el Sr. Conejo y ya se obtiene mayor control del grupo.

Las niñas son más serias y tranquilas pero al interesarse en el tema, ellas realizan cuestionamientos a la maestra sobre lo que desean saber o que no conocen, solo se encuentra el caso de la alumna Emily es muy seria y al pasarla al frente a participar presenta mucha inseguridad y no participa, se estimula a sus compañeros para que animen a la alumna a participar, pero en pocas ocasiones la alumna se anima a participar. Debido a esto hay que estar en constante motivación y realizando cosas diferentes con los alumnos para no perder su interés y asombro en lo que realizan por medio de juegos.

(SEGUNDA SEMANA)

ACOPIO Y ARCHIVO DE DATOS que respondan a las preguntas de investigación.

Fomentar el interés y asombro en niños de 4 a 5 niños.

El grupo de 2° año de educación preescolar con un total de 31 niños, a la maestra Joanna le llamó mucha la atención tomar en cuenta los intereses de sus alumnos para planear actividades motivantes e innovadoras para facilitar los aprendizajes que se obtuvieran en cada uno de ellas. Durante las actividades se presentan desafíos que se deben enfrentar por ser un grupo muy numeroso, debido a esto se decidió hacer una exploración sobre el asunto planteándose cuestionamientos que nos ayuden realizar para brindar una mejor educación.

Preguntas de investigación:

*   ¿Qué les llama la atención a mis alumnos?

El día miércoles a través de una plática abierta se les cuestionó a los alumnos ¿Qué es lo que más les llama la atención? en lo que rápidamente tres alumnos levantaron la mano para hablar y uno no respetó su turno y dijo: a mí me llama la atención ver videos, se le dio a conocer que debe esperar a que se le dé la palabra para hablar, y se le dio la palabra a la alumna Maylin a lo que ella respondió que le llamaba la atención era jugar en el patio y se le preguntó a qué te gusta jugar en el patio, mencionando que al lobo lobito.

Se continuó dándole la palabra al alumno Abisaí y el respondió que ir a la presa con su papá, se le volvió a replantear la pregunta ah muy bien eso es cuando no estás en la escuela pero de aquí de la escuela qué te llama la atención y el respondió los juegos, resbaladilla, columpios.

Levantaron la mano varios alumnos y mencionaron:

Mariana: a mí trabajar

Carlos: a mí conocer animales

Maripaz: cuando conocimos a los dinosaurios

A lo que varios alumnos comentaron a mí también cuando hablamos de los dinosaurios.

• ¿Qué les gusta hacer?

El día jueves se utilizó la herramienta de la grabación para obtener con mayor precisión los comentarios que realizaron los alumnos, la plática se realizó en la mañana después de dar la bienvenida, anotar la fecha y el registro de asistencia a las 9:15 a.m.

Maestra: Niños les haré una pregunta muy importante para conocerlos mejor y saber lo que les gusta,

Maripaz: maestra que nos vas a preguntar

Maylin y Zuria: shhh… guarden silencio la maestra nos va a preguntar algo.

Maestra: pongamos atención para poder escuchar esta pregunta tan importante que les haré.

Alumnos guardaron silencio y escucharon la pregunta.

Maestra: Quiero que me respondan que es lo que más les gusta hacer en la escuela.

Se comienzan a escuchar murmullos.

Maestra: recuerden que es levantando la mano, para darles la palabra.

Alyson: a mí me gusta ser doctora.

Brayan: a mí soldado.

Maestra: si niños eso es lo que les gustaría hacer en el tema de los oficios y profesiones, la pregunta es que les gusta hacer cuando vienen aquí a la escuela en el salón.

Maripaz: hacer dibujos de lo que más nos gustó cuando escuchamos un cuento.

Abisaí: jugar con bloques.

Ángel: me gusta pescar con mi papá.

Maestra: si ángel, pero eso donde lo haces ¿en la escuela o fuera de la escuela?

Ángel: mmm lo hago con papi en la presa.

Maestra: ¿y aquí en la escuela que te gusta hacer?

Ángel se quedó pensando.

Mariana: a mi dibujar y trabajar.

Brayan: dibujar.

Carlos: colorear.

Joseph: a mí me gusta jugar.

Yazmin: hacer dibujos.

Denisse: maestra a mí me encanta trabajar con pinturas, haciendo arte.

Todos comienza a mencionar si a mi también me gusta trabajar con pinturas.

Roberto: yo maestra a mí me gusta repartir.

Kamila: a mí dar jabón.

Maestra: Muy bien niños muchas gracias por ayudarme mucho en conocer que es lo que más les gusta hacer ahora les preguntaré ¿Qué no les gusta hacer?

La pregunta se realizó el mismo día que la pregunta anterior, se le dio continuidad:

Varias niñas responden cantar, nos gusta cantar.

Maestra: ¿pero que no les gusta?

Humberto: no me gusta jugar.

Maripaz: no me gusta que algunos niños no les gusta jugar conmigo en el recreo.

Brayan: yo yo maestra (se le da la palabra y se queda callado avergonzado y ya no quiso mencionar nada)

Carlos: no me gusta pelear.

Génesis: no me gustan las tortugas.

Alyson: no me gusta que me pegue mi hermano.

Maestra: ¿alguien más chicos que quiera decir que no le gusta?

Nadie mencionó nada.

• ¿Por qué a Joseph le gusta llamar la atención de sus compañeros?

A través de la observación diaria, de la educadora se pudo encontrar que el alumno Joseph al iniciar el ciclo escolar presentaba una conducta más controlada frente a sus compañeros, debido que apenas los estaba conociendo y durante el transcurso del ciclo el alumno fue cambiando su conducta y cuando se hablaba sobre un tema el alumno mencionaba otra cosa y sus compañeros se reían, eso le comenzó a gustar al alumno, hacer reír a los alumnos y lo comenzó a realizar cada vez con más frecuencia.

- ¿Por qué Joseph comenta algo diferente al tema?

El alumno Joseph a través de los cuadernos de bitácora se pudo observar que al alumno le gusta cuando sus compañeros se ríen de él ante un comentario porque le gusta obtener la atención de todos debido a que lo toma como un juego.

- ¿Por qué Abisaí no controla sus emociones?

A través del cuaderno de bitácoras se pudo observar que en varias ocasiones el alumno Abisaí no controlaba sus emociones al no obtener lo que él quería, se habla con el alumno haciéndole entender que así como él quería participar también sus compañeros y tenía que darle la oportunidad a ellos, pero sus acciones volvían a repetirse, se platicó con la mamá de Abisaí y comento que el alumno así se comportaba con su hermana mayor y que en casa hablaría con él.

- ¿Por qué Antonio falta mucho a clases?

Para conocer la respuesta de esta pregunta se indagó a la madre familia el día martes iniciando una plática cuestionando a la madre él porque el alumno había faltado mucho a clases a lo que ella respondió que el niño se encontraba enfermo y que se la pasó tomando pastillas y me enseña las pastillas que traía para el alumno, le menciono de que se enfermó el alumno y me dice que estaba enfermo del estómago diarrea y me comenta y luego ya cuando él se curó yo me enferme maestra y pues yo soy la que lo traigo y no podía, se le comentó que cuando me tenía que presentar el justificante expedido por el doctor que hasta el momento no lo ha llevado.

- ¿Por qué la mamá de Antonio no le toma importancia al preescolar?

A través del diálogo con ella se ha obtenido que minimiza la educación preescolar porque menciona que el alumno todavía es pequeño y por eso aún no le quita el pañal, se ha tratado de hacer reflexionar a la madre mencionándole las ventajas del preescolar en lo que favorece en el desarrollo de competencias y habilidades que se obtiene favoreciendo la convivencia sana, pacífica y formativa con otros alumnos.

- ¿Por qué Emily es tímida?

La alumna Emily a través del Diario de la educadora se ha registrado que al participar frente a sus compañeros le falta seguridad al expresarse, se platicó con la madre de familia y se le comentó que le brindara mayor seguridad a la alumna cuando se expresara, que la escuchara y tomara como positivos los comentarios de la alumna en casa.

- ¿Qué canciones les gustan a los niños?

El día viernes a las 11:30 a través de una plática abierta se les cuestionó a los alumnos acerca de ¿qué canciones les gusta más?, a lo que ellos mencionaron que les gusta cuando trabajan y escuchan música, y se les preguntó ¿pero que canciones les gusta escuchar? Respondiendo que les gusta la canción de 10 perritos, Mariana cuenta uno, Shakira, la canción de Despacito, la Tiritita, y jugar con la canción de Soy una serpiente que anda por el bosque.

- ¿Qué temas les interesa y asombra a mis alumnos?

El día jueves a las 11:00 p.m. sentados en el piso en un círculo se cuestionó a los alumnos ¿Qué temas de los que se han aprendido han sido los que más les han gustado?:

Los alumnos se quedan pensando y no responden.

Maestra: de lo que hemos aprendido en la escuela qué es lo que más les gustó, recuerden.

Maripaz: aprender de los dinosaurios.

Todos comienzan a mencionar si a mi también los dinosaurios me gustó conocerlos.

Rolando: cuando jugamos a los sentidos maestra que comimos miel, limón y jugamos.

Damián: el circo cuando fue nuestra fiesta (el día del niño).

Zuria: a mí lo que dijo maripaz.

- ¿Qué estrategias me han funcionado?

Por medio de mi Diario de la educadora, donde se realiza un registro diario se reflexionó acerca de qué han funcionado durante las actividades que se han realizado y se llegó a la conclusión que algo funciona cuando desde el inicio de la actividad se les menciona los alumnos que trabajaremos muy padre motivando a los alumnos a conocer lo que se realizará y funciona el utilizar materiales varios y las estrategias que me han ayudado en cuanto a la conducta de los alumnos es el poner una tirita para cada niño y en cada conducta inadecuada se les cortará un pedazo de su tira y el uso de guiñoles mantienen la atención de los alumnos cuando se utilizan.

- ¿Qué materiales les gusta utilizar?

El día viernes a las 9:20 a.m. se inició una plática con los alumnos y se realizó una grabación de audio para obtener las opiniones con más detalle, los alumnos mencionaron que los materiales que más les gusta utilizar son: las pinturas, los bloques para jugar, rompecabezas, marcadores, gises, salir al patio, fueron las cosas que más se mencionaron durante el diálogo.

- ¿Qué juegos les gusta?

El mismo día viernes que se realizó la pregunta anterior se les cuestiono a los alumnos acera de que juegos son sus preferidos a lo que ellos mencionaron, que les gustó jugar en el patio dibujando el piso con gises, jugar el Lobo lobito, cuando jugamos a equilibristas, jugar en el recreo, fueron las respuestas más mencionadas en el diálogo

- ¿Cómo iniciar la explicación de un tema?

A través del Diario de la educadora es donde se reflexiona y se autoevalúa la práctica docente me pude percatar de que lo que más me ha funcionado al iniciar un tema, es a través de una anécdota personal para encaminar a los alumnos al tema que se va a tratar, donde ellos se dan cuenta solos a través de cuestionamientos sobre el tema.

- ¿Qué me falta por mejorar?

Como docente frente a grupo aprendemos día a día de los alumnos y de las experiencias que se enfrentan y obtienen durante las actividades y temas que se les plantean a los alumnos y como bien se menciona la experiencia hace al maestro y me falta obtener mayor experiencia al mejorar mis estrategias, en la realización de las actividades.

(TERCERA SEMANA)

REVISIÓN TEÓRICA

Fomentar el interés y asombro en niños de 4 a 5 años.

En cuanto al tema "Fomentar el interés y asombro en niños de 4 a 5 años", se encontró en Google un blogs de una maestría en: "Estrategias para despertar el interés de los alumnos", de Yuleana Beatriz Geronimo Flores, de la Universidad del sur, del 11 de diciembre del 2010. Del blogs se extrajeron los siguientes párrafos que nos brinda información del interés de los alumnos de edad preescolar:

Haciendo mención, que un maestro debe ser capaz de interesar a los alumnos en el estudio; pero no conformarse con captar su atención en el salón de clases, sino de mantenerla a lo largo del proceso escolar y no solo durante un día. Por eso es importante que desde el inicio del ciclo escolar se tome en cuenta cualquier detalle que te dé a conocer los intereses de los alumnos, a través de la observación diaria y la reflexión, por lo tanto <u>el docente es un guía que facilita el proceso de enseñanza-aprendizaje y es la principal pieza del motor educativo, al menos, dentro del aula; por lo cual es el que tiene la responsabilidad de enfrentar con un grupo al que debe enseñar a leer, escribir, entre muchas cosas, puesto que con aspectos esenciales en el contenido curricular y sobre todo de la vida de cada uno de los alumnos.</u> Refiriéndose a esto "La enseñanza no es una simple transmisión de contenidos. Es la organización de métodos de apoyo que permitan a los alumnos construir su propio saber partiendo del modelo de conocimientos de las diferentes disciplinas escolares. La enseñanza no es equiparable a una exposición. Aunque admite una gran variedad de formas, tiene una estructura básica que se busca identificar" (Michel Saint-onge, Actualización del Maestro de la SEP, 2000: 24). Actualmente las clases deben ser retadoras y motivantes a través de actividades lúdicas donde los alumnos manipulen, formules hipótesis, comparen, resuelvan problemas, siendo actividades guiadas por la maestra de grupo ofreciendo estímulos nuevos, planteando interrogantes y brindando la oportunidad y seguridad al alumno de participar. Por lo que el maestro tiene que avivar el interés usando estrategias que se dirijan al aprendizaje.

En una síntesis sacada de estudios realizados sobre la enseñanza directa, Barak Rosenshine (1986) resalta siete funciones de ella que pueden colocarse en este orden:

- Recordar los conocimientos anteriores que son de interés con relación a los nuevos aprendizajes.
- Fijar a los alumnos objetivos en el aprendizaje.
- Presentar los nuevos elementos de conocimiento.
- Organizar pruebas de evaluación.
- Corregir los errores en el aprendizaje.
- Fomentar ejercicios de iniciativa personal (trabajos, estudio).
- Hacer periódicamente síntesis de contenidos ya aprendidos.

En educación preescolar es importante brindarles la oportunidad a los alumnos de interactuar con diversos materiales que les ayuden al adquirir fortalecer sus conocimientos al manipularlos, explorando, creando un ambiente de confianza y realizando actividades que los acerquen a su contexto en donde se desenvuelven, como lo menciona (Doménech y Viñas, 1997), consideran que en el desarrollo educativo de los alumnos de educación infantil, juegan un papel muy importante los materiales que utilizamos en el proceso de enseñanza/aprendizaje, siendo éstos, elementos mediadores entre el educador y el entorno que lo rodea.

Siguiendo las aportación que realiza Rodríguez Cancio (2005: 55) "el principio que debe regir en la utilización del material es el uso vivo e inteligente de las cosas", poniendo de manifiesto que un material por sí solo no puede educar, no posee la cualidad de apoyar la formación, sino que necesita la implicación e intervención del educador para conferirle un significado a través del aprendizaje. Un material es educativo en función del significado que el docente le transfiera.

El alumno al interactuar con diversos materiales, los va aceptar o rechazar según la función de sus acciones, pues de esta manera va construyendo poco a poco estructuras de pensamiento complejas, estables, lógicas y fundamentadas en sus prácticas de niños.

Como se sabe, no todos los niños aprenden de la misma manera por lo que si hay una gran variedad de estímulos y actividades, los alumnos se interesan más por aprender y ese aprendizaje resulta aún más eficiente.

El docente es quien coloca los cimientos donde los niños estarán durante toda su vida y a partir de ellos lograrán otros grandes avances, es por eso que la enseñanza debe estar bien preparada y fundamentada para abrirle paso a nuevos conocimientos que brindaran al alumno enormes oportunidades para que pueda desarrollarse en su contexto social durante toda su vida tanto personal como profesional y este llegue a ser muy plena y grata.

(CUARTA SEMANA)

CONCLUSIÓN GENERAL

El ser conscientes y obtener un conocimiento acerca de las necesidades de nuestros alumnos y lo que les interesa, los materiales de apoyo que mas les gustan al momento de realizar las actividades nos ayudan a realizar una planificación mas coherente y eficaz para que los alumnos obtengan un aprendizaje mas significativo.

ACCIÓN DOCENTE

Es importante tener en cuenta el contexto en el que se desenvuelven nuestros alumnos ya que de ahí parte su interés en los temas que se les presente y se les debe de motivar desde el inicio de las actividades para que presenten atención y se interesen sobre el tema presentado. Teniendo en cuenta sus estilos de aprendizajes, donde pongan en juego sus habilidades a través de actividades lúdicas.

Como docente debo mejorar día tras día debido a que se aprende de nuestros alumnos y los vamos conociendo en el transcurso del ciclo escolar brindándoles la confianza al expresarse, creando un ambiente favorecedor y formativo, mejorando la convivencia para que sea sana y pacífica y guiando a nuestros alumnos a que logren los aprendizajes esperados.

En forma personal, me ha ayudado mucho brindarles confianza a mis alumnos, a que te cuenten sus inquietudes o sus vivencias, escuchándolos, tomando en cuenta sus puntos de vista en la realización de las actividades, en actividades de investigación y experimentación, creando hipótesis y comparando ideas iniciales y finales, el utilizar materiales como pintura, pegamento blanco, papel crepe, rollos de papel, fichas etc. que son de apoyo para que los alumnos se interesen en realizar actividades y se motiven al hacer cosas diferentes. Motivarlos con estímulos tangibles inmediatos como estrellitas, stickers, y con palabras afectivas. Eso me ha ayudado a que mis alumnos pasen un rato agradable en el aula y sobretodo que adquieran competencias y habilidades que les ayuden en su vida, creando un ambiente de equidad obteniéndose una convivencia sana, pacífica y formativa.

9

"EL CONTEXTO SOCIAL Y EL APRENDIZAJE"

(PRIMERA SEMANA)

MARCO CONTEXTUAL

La escuela primaria "Miguel Hidalgo", en la cual laboro, se encuentra ubicada en Madero, Tamaulipas, en la Colonia Los Almendros, una colonia que está alejada de la zona centro de la ciudad, los habitantes de este lugar en su mayoría son originarios de estados vecinos, como San Luis Potosí y Veracruz, ya que vienen en busca de trabajo.

Los alrededores de la escuela se encuentran en buen estado, calles pavimentadas y de fácil acceso para los educandos, ya que todos se dirigen a la institución caminando o en transporte público siempre acompañados por su madre o padre, al ver a éstos, se observa la actitud positiva de que sus hijos aprendan, se aprecian contentos y platicando siempre; mucha población acude de colonias aledañas a donde se localiza la primara. Las casas que se encuentran en el recorrido para llegar a la escuela se observan un poco abandonadas en su mayoría, lo cual da un mal aspecto al entorno y se muestra peligrosa para los alumnos.

Respecto a la institución educativa, está conformada por 12 grupos de 1° a 6°, el personal es integrado por 12 docentes frente a grupo, tres profesores de inglés y la directora.

El clima de trabajo es muy bueno, a la directora se le reconoce como una buena líder, ya que permite el trabajo colaborativo y gestiona para ayudar a la comunidad escolar, que es primordial en la labor docente, con base en esto, mis compañeros y yo compartimos estrategias de trabajo y nos apoyamos en grados paralelos comunicándonos actividades que incidan en el aprendizaje de nuestros alumnos, en mi escuela se trabaja en equipo y logramos salir adelante y con éxito en las metas establecidas. Mis compañeros comentan, durante algunos encuentros que tenemos antes de iniciar clases (firma en el diario de asistencia) que algunas estrategias que aporto les son de utilidad y las ponen en práctica en su grupo, mencionan que son muy buenas y han observado que sus alumnos han mejorado en cuanto a matemáticas y español, que son las materias prioritarias en nuestra Ruta de Mejora, también recibimos apoyo en cuanto a actividades para aplicar a los estudiantes por parte de nuestra directora, lo que beneficia mucho a mis alumnos y me hace reflexionar sobre la mejora de la práctica docente.

La escuela primaria es de organización completa, con un horario de 13:30 hrs. a 18:30 hrs., lo que corresponde a un turno vespertino.

El contexto escolar es de gran importancia para las instituciones educativas, ya que influye de gran manera en la cultura de la que se apropian estas; en particular el establecimiento educativo en cuestión, al ubicarse en una zona lejana del centro de la ciudad, está rodeada de casas habitación y algunas partes de laguna, por tal motivo la mayor parte del día se percibe un silencio absoluto.

En lo referente a las características de la Escuela Primaria está distribuida en tres edificios, dos de ellos prefabricados de PVC y uno fabricado con concreto, dentro de estos se encuentran 12 aulas en donde se desarrolla el proceso de enseñanza-aprendizaje; tiene una delimitación perimetral construida con block y una cancha techada en donde se realizan las asambleas los días lunes y actividades deportivas, otro de los recursos con los que se cuenta es una área destinada para el laboratorio de cómputo, la cual se utiliza de manera regular, ya que no cuenta con los equipos de cómputo debidamente actualizados.

Dentro de la institución educativa, se cuenta con el apoyo de la comunidad, en donde se establece una interacción de apoyo mutuo, ya que se percibe una organización, en donde los padres de familia crean acuerdos en conjunto con el colectivo docente y directivos para mejorar la escuela primaria, por ejemplo en este tiempo transcurrido del ciclo escolar se han hecho mejoras a los sanitarios y los salones de clase para el bienestar de los alumnos.

También forman parte del proceso de enseñanza de los alumnos los padres de familia que son pieza fundamental, en algunos casos se muestran muy responsables con sus hijos, están al pendiente de lo que les sucede o hacen, algunos días a la salida de clases platican conmigo sobre los avances de sus hijos o preguntan dudas de la tarea para tener la posibilidad de apoyarlos, porque algunas madres de familia me comentan que solo fueron hasta 2° de primaria; entonces trato de explicar algunos puntos rápidos para que ellas también lo hagan con sus hijos y así se han obtenido mejores resultados porque se practica en casa lo que se aborda en clase con ayuda de los padres, aunque también me encuentro con padres de familia que no acuden a reuniones y no están enterados de los avances de sus hijos, éstos son los que faltan constantemente.

Al hacer mención de la interacción escuela-comunidad, tengo presente que los estudiantes dentro de la institución forman un nuevo grupo social donde se mezclan distintas características, por tal motivo es importante mencionar sobre el grupo de tercer grado grupo "B", el cual atiendo, está integrado por 35 alumnos, de los cuales 18 son niñas y 17 niños; el grupo es un poco numeroso y el salón de clases muy pequeño y sin mucha ventilación en temporada de calor, así respecto al aula se rescata que algunos días no cuenta con suficientes bancos así que los alumnos deben ir a buscar a otros salones.

Mi nombre es Carla y respecto al grupo que atiendo, lo que lo distingue es que les gusta platicar mucho, tienen una buena comunicación y se llevan muy bien, siempre tratan de apoyarse en las actividades escolares, únicamente debo rescatar que practican juegos un poco inapropiados, como empujarse o jalarse muy fuerte, que en ocasiones llegan a dañarse, lo cual se está tratando para poder modificar dicha conducta, se han tenido pláticas con los padres de familia, los cuales apoyan en su hogar para favorecer conductas adecuadas en los niños que contribuyan a una convivencia escolar sana.

Es importante mencionar que los alumnos cuentan con un nivel socioeconómico bajo, lo que origina que ciertos días alumnos lleguen sin alimentarse o con falta de algunos de los materiales para trabajar en el aula, pero esto, sin duda, no los detiene ya que todos los días llegan emocionados por aprender algo nuevo e interesante, como ellos lo expresan; siempre llegan platicándome sus anécdotas y se ponen muy felices porque los escucho, también hago preguntas de lo que les sucedió, saben que les doy atención y así noto que se sienten queridos, me lo demuestran con sonrisas y entrando al salón con muchas ganas.

Durante el proceso de enseñanza, la mayoría de los educandos se muestran interesados y les gusta participar mucho con comentarios sobre los temas que se abordan, quieren opinar y ser escuchados; además puedo decir que en su mayoría son visuales y kinestésicos, porque se les facilita trabajar con mapas mentales en algunas materias y hacer uso de materiales interactivos, en donde tiene que pegar y armar, después poner información o algunos dibujos; por tal motivo el hacer uso de recursos didácticos los hace interesarse y adquirir los aprendizajes de los temas abordados, como son el uso de algunos juegos de memorama o lotería, que en ocasiones ellos mismo elaboran. Realizar actividades diversas los motiva a poner atención y a aprender haciendo, lo puedo observar en las actividades que realizan diariamente y al evaluar lo que se aborda en el día, porque algunos logran los aprendizajes esperados.

También debo mencionar que algunos alumnos presentan problemas en su hogar lo cual se manifiesta en el aula de clases, como lo son tres alumnos que se distraen fácilmente y no trabajan, Emily, Enrique y Erick, en su hogar no tienen tanto cuidado por parte de su familia y presentan conductas distintas a los demás para que yo esté prestándoles atención, ya que después de estarlos motivando y platicando con ellos, comienzan a trabajar. Estos mismos faltan frecuentemente a clases.

Por otro lado, cuento con alumnos que se interesan por terminar rápido las actividades y así es que los pongo como monitores, en ocasiones, para apoyar a alumnos que presentan dificultad, mientras yo atiendo a otros por las filas.

Algo que beneficia mucho mi práctica docente, es que monitoreo por las filas los trabajos de los alumnos para apoyarlos u orientarlos.

A través del ciclo escolar se han notado cambios a favor del aprendizaje de los alumnos, demuestran mayor autonomía en la realización de actividades, batallan un poco al leer instrucciones y comprenderlas, pero aun así, realizan lo que se les presenta, por tal se han tenido pocos pero significantes avances en comprensión lectora, lo cual beneficia a todas las asignaturas; respecto a matemáticas han mejorado mucho en resolución de operaciones básicas. Los alumnos ante estas situaciones, han puesto mucho de su parte, se llevan a su casa muy emocionados cuentos de la biblioteca escolar, les motiva mucho escuchar audiocuentos y les encanta que les lea y haga preguntas mientras estamos leyendo, también leer capítulos en distintos días los deja intrigados y entre ellos comentan qué es lo que piensan que seguirá.

DELIMITACIÓN DEL TEMA

Mi grupo escolar está conformado por 35 alumnos, 18 niñas y 17 niños, la mayoría pertenecen a familias en donde los padres se apoyan mutuamente en todos los aspectos y responden correctamente para ayudar a las necesidades que se les presentan a sus hijos tanto en el hogar como en la escuela. Pero también se presentan casos en los que hay familias disfuncionales, en donde los alumnos viven con sus abuelitos y solo ven en ocasiones a su mamá, otros viven solo con su mamá o sus papás están divorciados y tienen un padrastro o madrastra. En este caso Emily, Enrique y Erick, atraviesan por los problemas mencionados anteriormente.

Emily, es una alumna que tiene dos hermanas más en la escuela, es muy callada, solo platica con Hanna y Daniela, durante el recreo juega con sus hermanas. Falta frecuentemente a la escuela y a la hora de salida su hermana mayor acude por ella, una ocasión se quedó hasta tarde en la escuela porque su abuelito era el encargado de ir por ella y se le olvidó. Platica que su mama trabaja en un restaurante de comida rápida lejos de donde viven, por eso no puede ir por ellas. Su hermana mayor es la que acude a las reuniones bimestrales.

En cuanto a las clases, Emily no cuenta con el material para trabajar y no participa, en ocasiones lo ha hecho en el pizarrón con mi ayuda y motivación, pero es muy difícil que acepte, ya que se muestra insegura. Tiene problemas con la lectoescritura, se encuentra en un nivel silábico, se trabaja con ella en clase con ayuda del alfabeto móvil y otros materiales, pero el que falte constantemente hace que olvide cosas que ya había aprendido.

Por otra parte se encuentra Erick, quien platica con todos los estudiantes y convive también con muchos en el recreo, lo observo mucho platicando con Damyelle y se sienta cerca de él. Algunos días llega muy entusiasmado a la escuela y platica sobre su mamá, que solo la ve en ocasiones porque vive con su abuelita. Otros días, no trabaja nada por más que lo motivo y eso que cuenta con todos los materiales, en ese tiempo se muestra absorto y el mundo real no lo toma en cuenta. Lo cual interfiere en su aprendizaje, lo que se haya abordado en esos días batalla para desarrollarlo, por lo cual se le explica constantemente para que pueda adquirir esos aprendizajes.

Finalmente, puedo hablar de Enrique, quien es un niño muy extrovertido y nada tímido, cuando le llamas la atención se muestra enojado, pero aun así tiene problemas para relacionarse con sus compañeros porque los molesta, sobre todo a las niñas, se burla de ellas o les pide cosas prestadas y no las regresa, lo cual molesta a gran parte del salón, por tal motivo nadie le quiere prestar nada y no se comunican del todo con él.

Tiene dos hermanas en la escuela con las que se muestra cariñoso y afectivo, con ellas se reúne en el recreo, aunque en ocasiones solamente se sienta sólo a observar lo que ocurre a su alrededor.

En cuanto al proceso de enseñanza, Enrique siempre tiene falta de útiles escolares, se le proporcionan y solo lo que realmente llama su interés lo realiza, le gusta andar parado y platicando aunque algunos no le presten tanta atención. Lo que le agrada más es realizar actividades en donde tenga que manipular objetos o construir.

PREGUNTAS DE INVESTIGACIÓN

¿Por qué Emily es muy callada y solo platica con Hanna y Daniela?

¿Por qué Emily durante el recreo solo juega con sus hermanas?

¿Por qué Emily falta frecuentemente a la escuela?

¿Por qué a Emily no le gusta participar en clase?

¿Por qué Emily se muestra insegura?

¿Por qué Erick solo algunos días llega entusiasmado a la escuela?

¿Por qué Erick otros días no trabaja?

¿Por qué Erick algunos días se muestra absorto?

¿Por qué Enrique se enoja cuando le llamas la atención?

¿Por qué Enrique molesta a las niñas?

¿Por qué Enrique en ocasiones se sienta sólo en el recreo a observar su alrededor?

¿Por qué Enrique solo realiza actividades donde manipula objetos o construye?

(SEGUNDA SEMANA)

TRABAJO DE CAMPO

La investigación es una actividad encaminada a la adquisición o descubrimiento de nuevos conocimientos, por tanto en este caso el trabajo de campo se realizó con la finalidad de estudiar a aquellos alumnos y alumnas con un rendimiento bajo en la escuela, esto para determinar la relación que pueda existir entre el contexto social del alumnado y su aprendizaje.

Respecto a esta investigación de tipo descriptiva, se enfocó en el trabajo bajo la metodología cualitativa, aunque es factible reconocer que no se separa de lo cuantitativo, ya que las metodologías pueden complementarse para obtener mejores datos para estudiar el caso.

Dentro de los instrumentos utilizados, se encuentran las encuestas con preguntas cerradas y abiertas referentes a las dimensiones sociedad, relación, valores, actitudes y hábitos a padres de familia y alumnos; además fichas descriptivas con objetivos específicos a observar y una interpretación.

La investigación se llevó a cabo en la Escuela Primaria "Miguel Hidalgo", directamente en el 3° grupo "B", aplicándose los instrumentos solamente a tres alumnos y sus familias, ya que son los que presentan bajo rendimiento, respecto del resto del alumnado, por tanto se tomó solo una muestra.

Durante las horas de clases y en el recreo se llevaron a cabo las observaciones, además de diversas pláticas directas con los alumnos, también durante la clase de inglés de aplicaron las encuestas a los alumnos y a los padres de familia al término de la jornada escolar. Así, en seguida con lo aplicado se dará respuesta a las preguntas de investigación planteadas durante la Unidad I.

Respecto a Emily, resulta un poco complicado entablar una conversación, no dice mucho, se le cuestionó acerca de quiénes son sus amigos y por qué, dentro de la encuesta, para esto ella respondió que Hanna y Daniela porque son sus vecinas, comentó que no tiene más amigos porque solo le gusta jugar con sus hermanas, piensa que todos se burlan de ella porque no sabe leer ni escribir bien, así se pudo responder el cuestionamiento ¿Por qué Emily es muy callada y solo platica con Hanna y Daniela?; con ayuda de las fichas descriptivas se le observó durante el recreo, en donde se sienta con sus hermanas a compartir alimentos que llevan, platican entre ellas y dibujan en algunos cuaderno, esto durante la mayoría de los recreos de esta semana, me acerqué un poco a ellas para preguntarles porque no jugaban con otros niños y comentaron que su mamá no las dejaba andar corriendo para que no le pasara algún accidente, todo esto respondiendo a la pregunta ¿Por qué Emily durante el recreo solo juega con sus hermanas?

Esta alumna falta frecuentemente a clases lo que origina que se retrase en la adquisición de la lectoescritura y respecto a esto la madre de familia, a quien se le aplicó la encuesta, comenta que su hija no acude todos los días a la escuela argumentando que es por cuestiones económicas y en muchas ocasiones se queda sola en casa y no tienen quien las acompañe para llegar a la escuela, ya que también en las preguntas realizadas a la alumna dice que solo vive con sus mamá, su abuelito que trabaja de albañil, sus tres hermanas y ella, así encontramos la respuesta de la pregunta ¿Por qué Emily falta frecuentemente a la escuela?.

Dentro de la encuesta se encuentra la pregunta: ¿Le agrada participar en clase con ideas, preguntas y opiniones?, para lo cual Emily se quedó un poco seria y callada al principio, después contestó que no, se le preguntó el por qué y contestó que le daba pena porque sentía que se iban a reír sus compañeros de ella, se le cuestionó que porque pensaba eso y después de un poco tiempo dijo que en la otra escuela que estaba eso le pasaba, así se pudo responder la pregunta ¿Por qué a Emily no le gusta participar en clase?, continuando con este aspecto sobre la actitud de la alumna, además comenta que su mamá le dice en casa que ella no sabe algunas cosas y explica que en su hogar no la escucha sobre cosas que le pasan, a partir de ellos se analizaron dos preguntas dentro de la encuesta realizada a la madre de familia, las cuales son, ¿Sabe lo que le gusta y no le gusta hacer a su hijo? y ¿Platica con sus hijos de la escuela, de la maestra, de algún programa de televisión, etc.?, la respuesta de la señora a las dos preguntas fue que "en forma regular", por lo que se infiere que no lo hace de manera habitual, que tiene como resultado que la alumna no sienta confianza por platicar o relacionarse con otras personas, de esta manera se puede contestar ¿Por qué Emily se muestra insegura?.

Continuando con la investigación, respecto a Erick, se logró entrevistar a su abuelita que es la persona con la que vive además de su pareja sentimental al cual reconoce como su papá, esto lo comenta con ayuda de la pregunta ¿Vive con sus padres y hermanos?, que se encuentra en la encuesta, menciona que no, que él vive con su abuelita y su pareja, que a los dos les dice papás, se le pregunta por qué vives con ellos y platica: porque me queda más cerca la escuela de la casa de mi mamá y mi otra mamá vive lejos de aquí y cuida a los otros hijos que tiene. Menciona que cuando ve a su mamá, se pone muy feliz porque pasa tiempo con ella, también menciona mucho a su papá, quien es trailero, y al preguntarle sobre él dice: cuando mi papá está aquí y no se va a trabajar me gusta porque me ayuda con la tarea y me viene a dejar a la escuela, me pone muy feliz, por tanto esta información nos apoya a responder la pregunta ¿Por qué Erick solo algunos días llega entusiasmado a la escuela?, ya que podemos decir que la presencia de la persona a la que reconoce como su padre lo motiva a acudir entusiasmado porque sabe que está con él y se siente protegido.

Respecto a la cuestión ¿Por qué Erick otros días no trabaja?, se le interroga dentro del cuestionario: ¿Cumple con todas las tareas y trabajos en la escuela?, responde que no, porque algunos días se siente muy cansado, esos días son cuando visita a su mamá y se tiene que despertar muy temprano además comenta: mi mama no siempre me da de comer cuando me voy con ella y como hasta que salgo de la escuela, que llegó a la casa de mi abuelita (sic), es aquí donde también se puede atribuir ¿Por qué Erick algunos días se muestra absorto?, en estos días se muestra muy pensativo lo cual lo puede originar la falta de energía a causa de la falta de alimento, asimismo su abuelita comenta con ayuda del cuestionario que se le aplicó, que ella trata de darle todo lo que necesita y lo consiente, así que en ocasiones lo deja desvelarse viendo televisión, por tanto esto también puede desarrollar su poca actividad dentro del aula.

Respecto al tercer alumno con el cual se trabajó, al realizar la encuesta a la madre de familia, quien fue por él en esta semana, dentro de las peguntas correspondientes a las dimensiones relación y valores se encuentran:

¿Compensa o amonesta a su hijo(a) cuando se porta bien o mal con el cumplimiento de sus obligaciones y tareas?

¿Reprende a su hijo(a) cuando se pelea con sus hermanos o tienen algún problema entre ellos?

Para estas dos preguntas la señora respondió que "regularmente", además añadió que cuando pelea con sus dos hermanas deja que ellos solo se contenten porque son niños y que dentro de la casa ellos ya saben qué obligaciones tienen, por tal no los reprende, también porque no tienen la atención de su padre, ya que tiene otra familia. Asimismo al platicar con Enrique menciona que en su casa no le llaman la atención, solamente cuando hace algo grave en la escuela es cuando lo castigan, esto dándolo a conocer a través de la pregunta ¿Sus padres le reprenden cuando usted realiza algo indebido?, es aquí donde se encontró la respuesta a la pregunta de investigación ¿Por qué Enrique se enoja cuando le llamas la atención?, ya que con la información arrojada se infiere que el alumno toma actitudes negativas cuando le llaman la atención, ya que en su casa no lo hacen y está acostumbrado a actuar de cualquier forma en que él desee.

Por otra parte respecto a la pregunta ¿Por qué Enrique molesta a las niñas?, al hacer uso de las fichas descriptivas y bajo la observación participante, ya que se estuvo dentro del aula y relacionándose con los actores escolares, se pudo percibir a Enrique tratando de llamar la atención molestando a sus compañeros, porque cuando lo hace yo muestro atención hacía él y entablo conversación para mostrarle lo que es correcto y no, aunque se molesta, infiero que se siente atendido, además porque al realizar, la pregunta ¿Qué tan seguido se queda solo(a) su hijo(a) en casa? a su madre, ella contesta que regularmente Enrique se queda solo en casa porque ella tiene que salir a su trabajo, por tal no hay convivencia familiar suficiente.

Otro aspecto a investigar refiere a ¿Por qué Enrique en ocasiones se sienta sólo en el recreo a observar su alrededor?, para tener la oportunidad de contestar esta pregunta se le realizó el siguiente cuestionamiento al alumno: ¿Quiénes son tus amigos y por qué?, para esto el escribió: no tengo amigos porque todos dicen que juego brusco, por eso en el recreo solo me siento a ver qué es lo que hacen los demás y en ocasiones solo platico con mis hermanas pero ellas tiene sus amigos. También con ayuda de las fichas descriptivas, se pudo observar como Enrique durante el recreo molesta a sus compañeros faltándoles al respeto, para lo cual se le llama la atención, y se observa como los estudiantes se alejan de donde él está.

Por último, ¿Por qué Enrique solo realiza actividades donde manipula objetos o construye?, para esta cuestión primeramente se le preguntó dentro del cuestionario ¿El docente utiliza materiales adicionales para impartir sus clases?, el alumno respondió que sí y a partir de ello se obtuvieron otros comentarios, él dice que es lo que más le gusta porque no le gusta escribir ni leer mucho, es mejor recortar, pintar y en eso escribir poquito, así le entiendo más (sic).

De esta manera fue como se obtuvieron las distintas respuestas para la investigación de campo.

(TERCERA SEMANA)

REVISIÓN TEÓRICA

Con la finalidad de desarrollar el marco teórico del presente trabajo, sobre el tema "El contexto social y su incidencia en el aprendizaje de los alumnos", lo que refiere a la influencia que tiene el contexto familiar en el aprendizaje del educando, se trabajó en la indagación de textos que nos dieran pauta a tener más información, por tanto, primeramente se localizaron en el buscador Google los siguientes trabajos:

El libro en PDF titulado "El contexto social del alumnado y su relación con el rendimiento en lengua extranjera" del autor Daniel Madrid, Universidad de Granada; del cual se extrajeron los siguientes datos, haciendo mayor énfasis en la cita sobre Pérez Serrano, G.:

Varios estudios han demostrado el efecto del ambiente sociocultural y económico de la familia en el rendimiento de los hijos. Por ejemplo, Pérez Serrano (1981:254-255) demuestra que el nivel ocupacional de los padres y su nivel cultural influye decididamente en los resultados del rendimiento de sus hijos, que es mayor conforme asciende el nivel sociocultural. Los niños pertenecientes a niveles socioculturales altos parecen tener mejores estímulos, expectativas y actitudes para el aprendizaje de cualquier área curricular. Mehan (1991) también ha resaltado la influencia del nivel social y cultural de los padres en el rendimiento de sus hijos y ha puesto de manifiesto las desventajas del alumnado perteneciente a clases sociales bajas. En su opinión, la estrategia empleada por los padres de clase social media con una alta participación en la educación de sus hijos suele tener éxito, en contraste con la empleada por la clase baja cuando deja la educación exclusivamente en manos del profesorado. Los alumnos de clases sociales bajas están en inferioridad de condiciones, porque de acuerdo con Bourdieu (1977) y Bourdieu y Passeron (1977), las escuelas reproducen, refuerzan y recompensan las estrategias aprendidas por las clases sociales altas y medias, y devalúan las de las clases sociales más bajas, contribuyendo así a reproducir la desigualdad ya que éstas se encuentran en desventaja.

Posteriormente se tomó un fragmento de la revista SciELO "Variables y factores asociados al aprendizaje escolar". Una discusión desde la investigación actual por Rodrigo Cornejo Chávez y Jesús María Redondo Rojo del Departamento de

Psicología, Facultad de Ciencias Sociales, Universidad de Chile:

Respecto a las variables del hogar y entorno familiar que inciden en los logros de aprendizaje, los estudios revisados muestran una alta coincidencia acerca del peso que tienen factores estructurales, se destacan el nivel socioeconómico familiar, el nivel educativo de los padres (particularmente la escolaridad de la madre), las condiciones de alimentación y salud durante los primeros años de vida, el acceso a educación pre-escolar de calidad (muy ligado al NSE familiar) y los recursos educacionales del hogar. Sin embargo, y aquí encontramos menos coincidencias, es interesante constatar que muchas investigaciones destacan la importancia de factores de carácter menos estructural. Muchas veces estos factores "blandos" se comportan de manera "colineal" con los factores estructurales mencionados, pero no siempre es así. Dentro de estos factores no estructurales a nivel del hogar se destacan las expectativas educacionales y aspiraciones laborales de las familias respecto a sus hijos, el clima afectivo del hogar, las prácticas de socialización temprana y variables que apuntan hacia las relaciones de la familia con la escuela como el involucramiento familiar en tareas y actividades escolares, y la armonía entre códigos culturales y lingüísticos de la familia y la escuela (Himmel y otros 1984; Sheerens 2000; Gerstenfeld 1995, Brunner y Elacqua 2004).

También se obtuvo información de un trabajo final de titulación, el cual se nombraba "La desorganización familiar y su influencia en el rendimiento académico de los estudiantes de cuarto año de Educación Básica de la Escuela "General Córdova" de la ciudad de Ambato, Barrio La Joya, durante el período 2009-2010" y su autora es Ana María Allaica Choca:

En el contexto familiar se reproducen las dificultades que los segmentos sociales tienen por la sobrevivencia y el mantenimiento de su propia vida y que abandonando el acompañamiento de sus hijos por el trabajo que realizan, tiene que dejarlos sin poder ayudarlos y los niños no encuentran en la familia el apoyo necesario, no solo económico y emocional sino principalmente cultural y educativo. Una de las causas son las situaciones familiares, por lo que los alumnos deben contar con el apoyo de sus padres en cuanto a la orientación de sus trabajos, incentivación a los hábitos de estudio; por que los padres lectores son modelos altamente motivadores de la lectura para sus hijos. La animación a la lectura no significa sólo comprar libros, cuentos y guardarlos. Significa tener un ambiente que motive, que anime a leer: ver a sus padres leyendo, contar cuentos antes de acostarse o animarles a que lean ellos solos un ratito, aprovechar una tarde lluviosa para leer en lugar de jugar, y muchos más ejemplos de actitudes de la familia que motiven esta afición.

De otro texto de interés titulado "Entorno familiar y educación escolar: la intersección de dos escenarios educativos" de Lacaa P. (2000/en prensa), se rescataron los siguientes párrafos:

Que la familia es el contexto de crianza más importante en los primeros años de la vida nadie lo pone en duda. El saber popular describe bien este entorno indicando que las niñas y los niños adquieren allí las primeras habilidades: en la familia aprenden a reír y a jugar, se les enseñan los hábitos más básicos -por ejemplo, los relacionados con la alimentación- y otros mucho más complejos -por ejemplo, a relacionarse con las personas-. Tradicionalmente se ha insistido, sin embargo, en que la familia no es el único agente educativo posible. El proceso comienza en ella pero no termina allí, el mundo exterior tiene un impacto considerable desde el momento en que el niño comienza a relacionarse con personas, grupos e instituciones, cada una de la cuales le impone sus perspectivas, recompensas y castigos, contribuyendo así a la formación de sus valores, habilidades y hábitos de conducta. Bronfenbrenner examina los entornos del desarrollo humano señalando que muchas veces se pone el acento en las dimensiones individuales, olvidando las interacciones de los factores que constituyen dichos entornos y, sobre todo, de las personas presentes.

Dentro del material de María del Mar Bernabé Villodre y María José Mora Mora sobre el "Proyecto de Innovación Docente en la UMH 2011" titulado "Digitalización de contenidos docentes para el Máster de Profesorado de Secundaria, se tuvo la oportunidad de localizar la siguiente información:

El medio social influye y determina el desarrollo del individuo. Tradicionalmente se han señalado varias teorías al respecto:

    1º.- Herencialista: todo desarrollo personal procede de factores congénitos.

    2º.- Ambientalista: las circunstancias ambientales operan con carácter decisivo.

    3º.- Personalista: el desarrollo de la personalidad del individuo depende de las dos anteriores.

La educación no se centra exclusivamente en la relación profesor-alumno, sino que intervienen otros elementos como:

- La familia.
- La sociedad: a través de la escuela.

Durkheim fue el primero en plantear que toda sociedad instrumenta mecanismos de transmisión para adaptar las nuevas generaciones a las costumbres, valores, creencias, pautas de comportamiento, etc.… valorados y permitidos socialmente. La educación y, en concreto, la escuela cumple para este autor la función de integrar a la vida social, a partir de la homogenización y de la transmisión de valores universales y válidos para todos los miembros de la sociedad. Esta función inicial fue ampliándose en la medida que las sociedades se fueron volviendo más complejas y la división del trabajo más especializada.

Por último, se identificó información muy importante dentro de la Biblioteca Digital de Tamaulipas de Gobierno del Estado, en donde se encontró la Tesis titulada "Apoyo parental y rendimiento académico" que para obtener el grado de maestro en docencia presentó la Lic. Irma Sánchez López, de la cual se sustrajo la siguiente información:

A lo largo de la historia la participación de los padres en la educación de sus hijos ha ido evolucionando, antes de que la educación fuera obligatoria la familia cargaba con todo el peso, de manera natural, esta responsabilidad era compartida con los abuelos, hermanos mayores y hasta con tíos, poco a poco se ha ido delegando esta responsabilidad con los profesores, hasta llegar a la creencia, en algunos casos, que los maestros son los únicos responsables de la educación de los alumnos.

Debido al cambio del papel de la mujer en el campo económico, su posición en el hogar ha contemplado grandes transformaciones, dentro de las más importantes, podemos mencionar el cuidado de los hijos y al tiempo que dedican a las actividades académicas, esta circunstancia y otras más han influido en la modificación de la familia, como una nueva forma de unión que produce nuevos problemas para sus miembros (Azuara, 2007).

El cambio de la estructura familiar ha modificado la participación de los padres en la educación de sus hijos, sin conocer en la mayoría de los casos, que esta intervención es de gran importancia en los resultados escolares de los niños.

El individuo con sus limitaciones personales, hace necesaria la vida en sociedad como parte fundamental de su conservación, desarrollo físico, así como el cumplimiento de las tareas intelectivas y morales, de manera natural, los hombres al momento de su nacimiento ya pertenecen a un grupo social denominado familia (Moto, 1988).

Después de nacido, la influencia de sus padres y el grado de dependencia no cambian mucho en los primeros años de su vida, en esta etapa, la comunicación, cuidado, estimulación y medio en la que se desenvuelve el menor, son variables que influyen en su desarrollo, sí estas son favorables, el niño mostrará efectos positivos en su aprendizaje.

Desde que se encuentra en el vientre materno, el niño es influenciado por el medio ambiente, básicamente por las condiciones en las que se encuentra su madre, tales como nivel de nutrición, estado emocional y de salud.

Otras variables de gran influencia sobre el aprendizaje de los alumnos que provienen de la familia, están representadas por la actitud, la conducta, sus creencias y expectativas acerca de la capacidad y logros de sus hijos, éstas producen la motivación hacia las tareas escolares y dan como resultado positivo el rendimiento académico.

(CUARTA SEMANA)

CONCLUSIÓN

A través de esta investigación se logró estudiar la influencia que tiene el contexto social, particularmente la familia, en el aprendizaje de los alumnos; mediante la aplicación y análisis de dos instrumentos, el cuestionario dividido en distintos ámbitos y el uso de fichas descriptivas realizadas mediante la observación.

Respecto a las preguntas de investigación enfocadas a las actitudes y hábitos de los estudiantes en la escuela y también de sus padres en cuanto al apoyo y cuidado que brindan a sus hijos, se obtuvieron resultados en donde se concluye que efectivamente, la familia influye en la vida del alumno, lo que se refleja dentro de la institución educativa, principalmente en la adquisición de los conocimientos y actitudes que reflejan los estudiantes.

Por lo anterior, se considera que se puede influir positiva como negativamente, en este caso los padres al no involucrarse en la educación de sus hijos originan un bajo rendimiento escolar, porque los educandos presentan en la escuela dificultad para relacionarse, para concentrarse, adquirir aprendizajes significativos y algunas conductas negativas.

Con las observaciones que se han hecho en este estudio, se puede afirmar que a menor participación de los padres en la educación de sus hijos, menor es el desarrollo integral del educando, lo llamamos de esta forma ya que para adquirir un aprendizaje significativo, se incluyen actitudes y valores.

La afirmación que se hace, se visualizó al analizar a las familias de los alumnos focalizados con ayuda de los resultados de los cuestionarios contestados por estas mismas, y el aspecto que más influencia presenta y origina las conductas de los alumnos se refiere a la desintegración familiar.

Respecto a obras analizadas de ciertos autores, mencionan que los efectos negativos por parte de la influencia de las familias están vinculados a la economía, al no tener cuidado de los hijos, no prestarles la atención que merecen, pero fuera de lo que establecen o incluyendo todos estos aspectos, se tiene que resaltar que lo que más afecta, analizado en esta investigación se le atribuye a la desintegración familiar.

ACCIÓN DOCENTE

Al llegar a la conclusión que la familia influye directamente en el desarrollo integral de los educandos y como principal aspecto de esto tenemos la desintegración familiar, es primordial considerar como docente y haciendo participe al Centro Educativo, implementar programas de orientación y asesoramiento familiar permanente para los padres de familia, lo que sería un estrategia importante para ayudar a los alumnos; señalando que estos se lleven a cabo gestionando la participación de especialistas.

Dentro de estos programas, también realizar actividades conjuntas que motiven a las madres y padres a llegar a la escuela, además de construir colaborativamente la agenda de las reuniones y divulgarla.

También es necesario elaborar cartas compromiso para que los padres consoliden su participación en la educación de su hijo, respecto a la asistencia diaria y la revisión de trabajos, materiales y tareas.

Por último es importante decir que la influencia familiar es algo de lo que no podemos apartarnos o hacernos indiferentes como docentes. Está siempre presente, pero de los padres dependerá si ésta es positiva o negativa, y respecto al bajo rendimiento académico, tampoco es un tema que concierne únicamente al estudiante, sino que es la presencia de una problemática familiar en conjunto.

Así, en la medida que nos interesemos y apliquemos en estudiar sobre el rendimiento de los alumnos y los factores que lo influyen, habremos dado un gran paso para reestructurar y mejorar el proceso de enseñanza aprendizaje incluyendo a todos los actores escolares.

BIBLIOGRAFÍA

Allaica Choca, A. (2010). La desorganización familiar y su influencia en el rendimiento académico de los estudiantes de cuarto año de Educación Básica de la Escuela "General Córdova" de la ciudad de Ambato, Barrio La Joya, durante el período 2009-2010. Informe de Titulación. Universidad Técnica de Ambato, Ecuador.

Bernabé Villodre, M. y Mora Mora, M. (2011). Proyecto de Innovación Docente en la UMH 2011. Digitalización de contenidos docentes para el Máster de Profesorado de Secundaria. España: Universidad Miguel Hernández.

Cornejo Chávez, R. y Redondo, M. (2007). Variables y factores asociados al aprendizaje escolar. Chile: Revista SciELO.

Lacaa, P. (2000). Entorno familiar y educación escolar: la intersección de dos escenarios educativos. En prensa.

Pérez Serrano, G. (1981). Origen social y rendimiento escolar. Madrid: Centro de investigaciones sociológicas

Sánchez López, I. (2013). Apoyo parental y rendimiento académico. Tesis de maestría. Universidad Autónoma de Tamaulipas, Ciudad Victoria, Tamaulipas.

10
"EL APROVECHAMIENTO ESCOLAR"

(PRIMERA SEMANA)

MARCO CONTEXTUAL

La escuela Juan B. Tijerina, Vespertina, con clave 28DPR0503V, pertenece a la zona escolar 108 y cubre un horario de 1:15 p.m. a 6:00 p.m.

La institución está ubicada en Ciudad Mante Tamaulipas, en la calle Licenciado Manuel Cavazos Lerma No. 502, Zona Centro. Es accesible puesto que las calles están pavimentadas y en buen estado, además de contar con diferentes rutas urbanas que circulan por la zona. Debido a esto, hay una gran cantidad de movimiento vehicular durante todo el día.

Por su parte, a los alrededores de la primaria se encuentran, en su mayoría, establecimientos de comida, negocios particulares, la central de autobuses e incluso ciertas cantinas, lo que hace que siempre haya gente caminando.

Durante la hora de entrada, y salida para el turno matutino, se conglomeran los alumnos y padres de familia de ambos turnos, de modo que todos los días hay un tránsito que se encarga de resguardar la seguridad y evitar accidentes.

La escuela por sí sola es de grandes dimensiones, cuenta con un terreno muy amplio y gran de cantidad de salones;

no obstante, en el turno vespertino solo se usan 12 aulas para cada uno de los grupos (dos por grado), y una más donde se brinda la atención especial a los niños que así lo requieren.

También se cuenta con un salón de biblioteca, y una sala de cómputo, siendo únicamente los alumnos de la mañana quienes hacen uso de ésta.

Me llamo Isabel, y de manera personal, me encargo del grupo de segundo grado, sección C, conformado por 14 niños y 10 niñas, 24 alumnos en total. El salón con el que contamos es grande, cada mesa tiene dos sillas y es suficiente para la cantidad de niños que aloja, sus colores verde, azul, rojo y naranja, le proporcionan colorido y "vida" al espacio; hay una gran gaveta al fondo del salón, que corresponde una mitad para cada maestra del aula; tenemos un enfriador de agua, una computadora y proyector (disfuncionales); un clima, que, aunque gotea, mantiene el salón fresco, tres ventiladores y dos pizarrones, éstos últimos ya un tanto dañados.

Son 4 pares de ventanas en el salón, cubiertas con papel polarizado para que atenúe los rayos del sol, todas tienen cortina. Cuando el aire acondicionado no es indispensable se levantan las cortinas y se abren las ventanas para que haya circulación del aire.

En cuanto a la iluminación, son tres focos de buena potencia los que permiten una buena visibilidad en el aula.

Todos los días llego puntualmente a la escuela, entro al salón, dejo mi mochila y después me dirijo a la dirección para que a la madre de familia que le toca el aseo pueda realizarlo; desde un principio se acordó con ellas que por número de lista irían realizando la limpieza del salón, una mamá por día y, hasta hoy, no he tenido problema alguno por tal acuerdo.

Cuando suena el timbre, inmediatamente me voy al salón, observo al llegar que la mayoría de las mamás o papás de mis niños siempre les dan la recomendación de portarse bien y ponerme atención, algunas veces me detienen antes de entrar para preguntarme sobre algo o comentarme alguna situación en específico sobre sus hijos, pero la mayoría de ellas lo que siempre me preguntan es la hora de salida, aunque bien saben que tienen un horario previamente establecido.

En cuanto entro al salón, cierro las puertas y los papás y mamás se retiran de la escuela. Llego saludando a los alumnos y ellos siempre respondiendo amablemente; lo primero que me empiezan a preguntar es qué cuaderno sacan, no hay día que no hagan esa pregunta, a lo que yo les digo "que bueno que tengan ganas de trabajar" o cosas similares para animarlos a que el resto del día sea así.

De los 24 alumnos que tengo, un niño es de 11 años, lo integraron a segundo porque no sabía leer ni escribir y tenía muy poca convivencia con la gente que lo rodeaba, hoy por hoy ya es capaz de escribir y leer oraciones, así como de relacionarse con sus compañeros, gracias al apoyo por parte de la madre y de la maestra de educación especial. De igual modo, tengo dos niños repetidores, de 9 años, quienes aún presentan dificultad en cuanto a lectoescritura, pero por sus múltiples inasistencias ha sido muy difícil dar un seguimiento puntual en su proceso.

El resto del grupo, sus edades oscilan entre los 7 y 8 años de edad, teniendo como característica general que son muy platicadores, inquietos y juguetones, y en gran medida, todos me dan la queja de lo que hace, hizo o dijo alguno de sus compañeros, pero nunca expresan lo que ellos mismos hicieron primero.

Durante la primera parte de la jornada, de 1:15 a 3:30 p.m. (antes de recreo), las actividades, ejercicios, dinámicas o juegos que realizamos son muy fluidas, las niñas son quienes siempre terminan primero, Miguel, David y Brandon son los niños con lo que siempre ando detrás de ellos para que escriban, no les gusta escribir, se distraen muy fácilmente y eso hace que las actividades no las entiendan o les parezcan complicadas. Únicamente cuando pongo a Brandon cerca de mí es como trabaja, y cuando le reconozco su cambio de actitud sonríe y noto que le da felicidad. Por el contrario, Miguel y David se muestran un tanto apáticos, indiferentes ante el aprendizaje, lo único que los mueve es el juego, las risas, incluso los pleitos, sobre todo Miguel, si alguien le dice algo él rápidamente responde con agresividad.

Aún y cuando la mayoría de los niños atiende mis indicaciones, este grupito de alumnos influye indirectamente en ellos, porque aparte de todo, Miguel tiene mucha gracia y a veces hace reír a todos con las cosas que dice, incluso a mí.

Son las actitudes las que generan el ambiente en el aula, cuando estos niños tienen el deseo de trabajar, todos sentimos cierta estabilidad y tranquilidad, pero cuando no, es cuando algunos otros alumnos comienzan a inquietarse y a distraerse.

Generalmente inicio con las clases de español y matemáticas, para aprovechar el tiempo de "conciencia" y las "pilas" que tienen; trabajamos con el libro, cuaderno, material concreto, fotocopias, lotería, entre otros, ésta última la he estado utilizando en las dos asignaturas y me ha funcionado de maravilla, les gusta mucho jugar y con ello he logrado que diferencien sinónimos de antónimos y que se aprendan de manera alterna las tablas de multiplicar. Ahora en todo momento ellos son los que me piden "la lotería", a excepción de los niños que antes mencioné.

Durante el recreo, de 3:00 a 3:30 p.m. casi a diario tengo problemas con Miguel y David, ni por salir a jugar se esfuerzan por terminar sus trabajos, aunque estén ellos solos adentro, se distraen y divagan con todo lo que hay a su alrededor; lo mismo pasa con las clases de educación física. A pesar de esta situación, los dejo salir a que tomen aire y coman porque tampoco creo que sea sano dejarlos "castigados" todo el recreo en el salón.

En el recreo todos los niños y niñas juegan en su área, normalmente las niñas que traen lonche o que compran comida en la escuela, van y se sientan a las diferentes mesitas que hay en el patio, después de terminar entonces juegan. Por otro lado, los niños andan corriendo y jugando mientras comen y es muy recurrente que se les caiga su comida o que choquen con sus compañeros y se manchen su uniforme y surja un conflicto, de algo tan insignificante. Yo siempre les digo que hagan lo que las niñas para evitar accidentes, pero ellos quieren invertir la media hora de recreo en jugar.

Lo que más juegan es al futbol, a los atrapados y a "los perritos", niños y niñas, siendo incluidos también Miguel y David, aunque por las actitudes de Miguel ya sé que a la hora de entrada va a haber alguna queja de sus compañeros.

Cuando suena el timbre para entrar, todos se forman en la puerta, hacen dos filas, la de hombres y mujeres, aun no entran y ya empiezan comentarios y quejas de la mayoría del grupo, yo los paso y les pido que tomen su lugar, y entonces doy oportunidad de que se expresen para saber si es necesaria mi intervención. Eso pasa cuando alguien, por alguna razón, agrede intencionalmente a uno de sus compañeros, porque cabe mencionar que casi todos los niños son muy impulsivos.

Estando ya dentro del salón, les permito que tomen agua y terminen rápidamente las papitas, paletas o raspas a quienes tienen poca cantidad, aquellos que aún tienen mucho les pido que lo guarden en su mochila.

Lo que resta de tiempo, de 4:00 a 5:50 p.m. lo hacemos efectivo para las asignaturas de Exploración, Formación Cívica, Inglés y Artística, en días distintos de acuerdo al horario, sin embargo es importante decir que cuesta un poco más centrar la atención en la clase, en el aprendizaje, pero se consigue.

Mi manera de adentrar a los niños a cada uno de los contenidos varía según el tipo de conocimiento, cuando son temas sobre historia me gusta platicarles a manera de cuento o historieta, si es posible con los personajes animados impresos; cuando es algo referente a las reglas, normas o cuidado de la naturaleza, prefiero cuestionarlos sobre sus propias experiencias; y cuando es algo parcialmente "desconocido", como el sujeto, verbo y adjetivo, me gusta emplear mucho oraciones o frases que reconocen en su contexto, para que su relación sea más significativa.

Con este grupo no es tan complicado desarrollar lo que se tiene planeado, ya sean actividades en parejas, individuales o equipos, ellos pueden realizarlo, la dificultad más grande para mi es hacer que los niños que no les gusta trabajar, trabajen. Cuando los integro en equipos, procuro que estén equilibrados, pero ya los mismos compañeros se resisten a tenerlos en sus equipos porque saben que no colaborarán con ellos. Pese a esto, nunca los dejo fuera de las actividades y siempre estoy invitándolos a cambiar su actitud y comportamiento.

En ciertas ocasiones la directora nos reúne a todos los maestros en dirección para darnos algún aviso, pedirnos información sobre nuestros grupos, platicarnos alguna situación en particular de la escuela o para darnos comisiones de cierta actividad escolar; cuando esto sucede yo siempre dejo trabajo al grupo y les digo que estaré al pendiente de ellos (mi salón está en frente de dirección); es rara la vez en que un alumno mío se salga del salón, gran diferencia con algunos de los otros grupos.

Por ello, por algunas visitas que he recibido de la directora y de algunos compañeros y por los resultados que hemos obtenido en las evaluaciones de lectura, escritura y cálculo mental, consideran que estoy haciendo buen trabajo con el grupo.

Diez minutos antes de que termine la jornada escolar, escribo en el pizarrón la tarea, porque justo al sonar el timbre la borro. Esta medida la tomé desde hace ya varios meses para que los alumnos se apresuraran a escribir y los papás no tuvieran la intención de entrar al salón a copiar por sus hijos. En ocasiones se me quedan sin copiar tarea dos o tres niños, pero al ver que no alcanzaron ellos mismos la piden a algún compañero; sin embargo casi diario Miguel y David se van sin copiar nada. Con ellos he cambiado la estrategia y he dejado por más tiempo la tarea anotada, pero aun así su actitud es la misma.

Cuando dan el timbre dejo salir a los alumnos, sus padres siempre esperan afuera del salón. En caso de que surja alguna duda o comentario sobre la tarea u otra cosa estoy a disposición. Por su parte, dada la situación en que sea necesario hablar con la mamá de un niño, no lo dejo salir hasta que la señora entre al salón por él.

Existe buena relación entre los padres de familia y yo, hasta el momento no he tenido diferencias con ellos, sólo con el padre de David, no estoy de acuerdo en que lo mime tanto y le permita hacer lo que quiera, por más recomendaciones que le doy al señor él siempre termina justificándolo, incluso siento que los papeles están invertidos con ellos, el hijo manda a los padres.

En general, las mamás que más se acercan conmigo me han comentado el avance que han visto en sus niños, en especial en la lectura, puesto que en clases siempre estamos leyendo, ya sea lecturas del libro, cuentos, poemas o las simples instrucciones, pero en todo momento se practica, y en casa todos los días les encargo lectura y la firma del tutor de que lo hicieron.

Considero que hasta el momento los logros alcanzados han sido gracias al apoyo recibido por parte de los padres de familia y al empeño que han puesto sus hijos, sin embargo pudiera avanzarse todavía más si las actitudes de ciertos niños mejoraran y contribuyeran a alcanzar un óptimo lugar de aprendizaje, tanto para ellos como para mí, porque indudablemente día con día aprendo algo nuevo con el simple hecho de estar cerca de esos pequeños exploradores del mundo.

DELIMITACIÓN DEL TEMA.

Los niños y niñas son muy alegres, es casi imposible pedirles que guarden completo silencio, además de que no me gusta, siento que ellos necesitan sentirse libres y expresar sus emociones; pero lo que no me parece bien es que su actitud sea muy cambiante, sobre todo en los niños, últimamente han estado poniéndose "apodos", y eso los molesta y reaccionan de manera negativa. No saben autocontrolarse y eso tiende a afectar las relaciones entre ellos, y por supuesto el aprendizaje. Son muy impulsivos y eso hace que no piensen antes de actuar.

Respecto a Miguel y David, ellos muestran actitud apática por realizar las actividades escolares, el padre de David es muy permisivo y posiblemente eso este repercutiendo en él.

Las niñas son más conscientes y trabajadoras, rara vez tengo problema con ellas, solo Lea que es muy sentimental, llora cuando alguno de sus compañeros le dice "tu letra está muy fea" o "nunca traes material", cosas simples, yo he hablado con ella y le he explicado que no tiene porqué llorar, las personas siempre estarán criticándonos y lo que mejor podemos hacer es intentar hacer las cosas lo mejor posible para que los hechos digan más que las palabras. Cuando eso pasa, Lea primero se pone triste, pero enseguida cambia de actitud.

Cuando son varios alumnos quienes presentan malas actitudes, de apatía, indiferencia, negatividad, se torna el día complicado, se invierte más tiempo en estar insistiendo en el rendimiento académico que en el logro de los aprendizajes, por ello pienso que mientras se pueda ayudar a los alumnos a mejorar su actitud, se podría mejorar sus relaciones socioafectivas con sus compañeros y por ende el aprovechamiento escolar en el aula.

PREGUNTAS DE INVESTIGACIÓN

1. ¿Por qué los niños cambian tanto de actitud?
2. ¿A qué se debe que los niños no se autocontrolen?

3. ¿Cómo afecta el ser permisivo con los hijos?
4. ¿Por qué las niñas son más conscientes y trabajadoras?
5. ¿Cómo influyen las actitudes de los alumnos en el ambiente de aprendizaje?

(SEGUNDA SEMANA)

TRABAJO DE CAMPO

Con base en las preguntas de investigación, diseñé una serie de actividades que pudieran ofrecerme información valiosa para tratar de encontrar respuesta. Lo que obtuve fue lo siguiente:

1. ¿Por qué los niños cambian tanto de actitud?

El lunes 12 de junio, después de recreo (a las 4:00 p.m.), les dije a los niños que traía un memorama de multiplicaciones, para seguir repasando las tablas a manera de juego; todos traían mucha energía por la hora, así que les gustó mucho la idea.

Formé los equipos de modo que estuvieran equilibrados y comencé a repartir las tarjetas, les expliqué que el objetivo era encontrar las parejas de cartas (multiplicación con resultado) y que ganaría aquél que juntara más parejas. Todos parecieron entender y entonces di la indicación de que comenzaran.

Mientras ellos estaban jugando, yo pasaba entre los equipos para observar sus reacciones, sus intenciones, sus movimientos, todo lo que pudiera darme un indicio de sus actitudes. Conforme fue pasando el tiempo noté que incluso en el juego, las niñas eran quienes llevaban el control, ellas eran las que dirigían a sus compañeros.

En un equipo, Brayanth estaba riendo cuando de repente dijo "ya no juego", me llamó la atención y me acerqué, le pregunté que qué tenía si estaba jugando muy bien, él me contestó que todos le estaban haciendo trampa y que por eso él no ganaba, en seguida Brandon y María respondieron que no era verdad, y cuando Brandon le dijo "que llorón eres", Brayanth se enojó y levantó la voz diciéndole "¡cállate!". Me tocó intervenir y les dije que solo era un juego, donde hay quien tiene suerte y quien no, que trataran de divertirse y no pelear.

En otro equipo, donde había puesto a David, observé que ya solo jugaban sus compañeros, él se había retirado de las mesas y se colocó en un rincón con la silla hacia la pared; cuando me acerqué y le pregunté a David qué tenía, me dijo que él ya no quería jugar, que no lo dejaron escoger primero y que se lo estaban "salte y salte". Entonces le pregunté a su equipo y ellos me dijeron que David no estaba poniendo atención y que como lo dejaron en tercer lugar de escoger, se enojó y ya no quiso jugar. Yo le dije que tenía que estar al pendiente de su turno, que regresara, pero dijo que no quería ya.

Finalmente, en una bina donde tenía a Miguel, igual hubo conflicto, empezaron jugando bien pero después Miguel se enojó porque Jorel agarraba cartas de más, Jorel se enojó y le dijo que no era cierto, que él era quien no estaba jugando bien, los dos se comenzaron a decir cosas, "bebé", "gordo", así que decidí cancelarles la actividad.

2. ¿A qué se debe que los niños no se autocontrolen?

El día viernes 16 de junio, justo a la hora de entrada (1:15 p.m.), comencé la jornada escolar entregando a los niños una hoja en blanco, todos me preguntaban que si jugaríamos a la lotería o a algún otro juego, a lo que yo respondí que no, que esperaran mis indicaciones.

Cuando todos tenían la hoja, les pedí que escribieran su nombre completo, que posteriormente la voltearan para que pudieran dibujar en la parte blanca.

Como primera consigna les pedí que dibujaran a la persona que "mandaba" en su casa, si era mamá o papá, de lo cual surgieron comentarios de los niños como "¡mi papá!", "él es el jefe", "es de mi papá la casa". Mientras dibujaban yo iba fila por fila observando a quién estaban dibujando.

La siguiente consigna fue que dibujaran a la siguiente persona a la que le hacían caso cuando la primera que dibujaron no estaba; entre risas (por sus dibujos) y quejas (porque no les quedaba), lo hicieron.

La tercera consigna consistió en dibujar al que seguía de la persona anterior. Muchos se dibujaron ellos mismos, otros a sus hermanos.

Por último, les pedí que dibujaran una línea donde habían terminado sus dibujos y que me pusieran atención por un momento. Les conté que en nuestro país nunca hemos tenido una presidenta mujer, que en esos puestos únicamente han estado hombres, que antes se pensaba que el único que podía mandar era el "hombre" y que era el único que tenía derechos. Actualmente la mujer ha sobresalido mucho pero aún no llega a un puesto tan alto como el de ser presidenta de la república.

Con tal preámbulo, les pedí que dibujaran en el resto de la hoja a quien querían que fuera su próximo presidente, si una mujer o si querían que siguiera siendo hombre. Apenas termine de dar la indicación y Brayanth grito "¡Trump, yo quiero que sea Trump!", yo le pregunté que porqué lo quería a él, y solo me dijo que porque él hace lo que quiere.

De acuerdo a los dibujos que los niños hicieron se obtuvieron los siguientes resultados:

En los dibujos de familia 7 niños pusieron a "papá" como el que manda, mientras que sólo 3 ubicaron en ese rango a "mamá". Por otro lado, 3 de las niñas pusieron en primer lugar a papá, pero 6 colocaron a "mamá" como la primera.

En lo que respecta a su próximo presidente, todos los niños quieren que siga siendo un hombre el que nos gobierne y todas las niñas quieren que ahora sea una mujer la que ocupe ese puesto.

Esto indica que los niños siguen pensando en la "dominación" del hombre y tal vez sea por eso que entre ellos no quieran verse "débiles" y su reacción primera cuando se enfrentan a otro compañero sea con gritos o incluso golpes.

3. ¿Por qué las niñas son más conscientes y trabajadoras?

El viernes 16 de junio, después de la primera actividad, les entregué a las niñas un dibujo de la sirenita y a los niños un dibujo de pokemón, les dije que había escogido esos dibujos porque sabía que les gustaba, entonces quería que se esforzaran para pintarlo bien.

Todos se veían muy emocionados con los dibujos y en cuanto dije que lo colorearían se pusieron a hacerlo.

Desde luego que yo me encargué de observarlos, la manera en cómo elegían los colores y cómo les iba quedando. Todos empezaron muy bien, con muchas ganas, pintando bonito, pero después unos se pusieron a platicar o simplemente se distraían con otras cosas. Yo los deje que hicieran lo suyo, porque sabía que cuando dijera que los recogería se iban a ver apresurados.

Después de 15 minutos, les dije que se había acabado el tiempo, que ya tenían que entregarlo así que empecé a recoger.

Las niñas fueron quienes me entregaron el dibujo cuando lo pedí, los niños fueron quienes se entretuvieron un poco más o terminaron por pintarlo como fuera para poder entregar.

Con esto pude darme cuenta de que las niñas son más selectivas, les gusta el orden, lo bonito, y eso las hace dedicadas, cualidad que les ayuda mucho a la hora de centrar su atención en clase y realizar cualquier actividad que se les indica.

4. ¿Cómo afecta el ser permisivo con los hijos?

El miércoles 14 de junio platiqué con dos de los padres de familia de mis alumnos, el papá de David y la mamá de Brayanth, a la hora de entrada y a la hora de salida, respectivamente.

Primero le dije al señor que requería de su apoyo, que si me podía hacer favor de responderme cinco preguntas sobre la relación que tiene con su hijo, únicamente para entender un poco más el comportamiento que presenta dentro del salón. Antes de que pudiera preguntar, me respondió un poco grosero, diciendo "no es mi culpa que no quiera poner atención", sin hacer caso al comentario le pregunté que si podía responderme, si no no había problema, él solo dijo "a ver".

Las cinco preguntas que le hice fueron las siguientes:

1. ¿Cuándo está en un lugar público con su hijo y tiene un mal comportamiento, prefiere no reñirle para que no monte un escándalo delante de la gente?
2. ¿Cuándo su hijo le pide algo se lo compra para que no llore o se enoje?
3. ¿Cuándo a su hijo le dice que "No" a algo, lo mantiene hasta el final o cede ante él?
4. ¿Alguna vez su hijo le ha levantado la voz?
5. ¿Su hijo es capaz de aceptar sus errores o "culpas"?

Las respuestas que obtuve de él fueron como lo esperaba, en el mismo orden: "no, no, hasta el final, nunca, si" respectivamente. No obstante, en variadas ocasiones me he percatado de la manera en como el niño le habla a sus papás, más a la mamá; cuando se ha quedado sin copiar tarea, por flojera de escribir, el señor llega por él molesto porque yo la borré y no porque su hijo no la copió. El niño sale muy feliz del salón y de premio le dan el celular para que se ponga a jugar mientras sus demás compañeros se van.

Por otro lado, a la mamá de Brayanth le hice las mismas preguntas, muy contrario al caso anterior, ella mostró una actitud amable y cooperativa para responder. Ella contestó en el mismo orden de las preguntas: "Si, la mayoría de las veces, algunas veces llego a cambiar de postura, nunca, si". Fue más honesta porque sabe que yo he observado cómo es la relación entre mis alumnos y sus padres.

Este pequeño cuestionario quería aplicarlo también a los padres de Miguel, Jorel, Julio y Brandon pero fue difícil coincidir en tiempo con ellos.

De cualquier modo, con estos dos casos, pude confirmar que el ser tan permisivo con los hijos afecta gravemente su comportamiento en el aula, si en casa les permiten todo, quieren llegar a hacer lo mismo en el salón de clases.

5. ¿Cómo influyen las actitudes de los alumnos en el ambiente de aprendizaje?

El martes 13 de junio, desde el momento en que entré al salón, les dije a mis alumnos que esta vez empezaríamos contestando una encuesta sobre ellos, lo que piensan, sienten o les gusta o disgusta de la escuela.

Entregué media hoja tamaño carta a cada niño, donde tenía impresa la encuesta. Constaba de 10 aseveraciones y tenían como opciones de respuesta "Totalmente cierto", "Cierto", "Más o menos", "Falso" y "Totalmente falso".

Les expliqué detalladamente cómo iban a responder, puse de ejemplo la primera aseveración:

"1. La escuela es aburrida", les dije que si les parecía completamente aburrida tendrían que poner una palomita o tachita en "totalmente cierto", si solo se les hacía aburrida tenían que poner "cierto", si a veces sí y a veces no o les daba lo mismo, tenían que poner "más o menos". Ahora bien que si la escuela no les parecía aburrida debían poner "falso", pero si la escuela nunca les parecía aburrida y estaban completamente seguros de ello su respuesta sería "totalmente falso".

Escribí en el pizarrón ese ejemplo para que vieran que No se podían marcar dos respuestas en una sola aseveración. Después de explicarlo pregunté si habían entendido y todos levantaron la mano.

Proseguí a leerles cada una de las aseveraciones, dándoles tiempo en cada una de ellas para que pensaran bien su respuesta y la marcaran en su hoja.

Finalmente les pedí que escribieran en ella su nombre y se las recogí cuando todos terminaron.

Las preguntas fueron los siguientes:

1. La escuela es aburrida.
2. No me gusta aprender.
3. Mis papás no me regañan si no trabajo.
4. No me importa que me castiguen.
5. Yo nunca hago caso a mi maestra.
6. No me importa distraer a mis compañeros.
7. Yo prefiero platicar y jugar antes que trabajar.
8. Mis papás hacen lo que yo digo.
9. Mis papás me compran lo que yo quiero.
10. Aunque me porte mal nunca me pegan.

Y las respuestas sobresalientes, fueron:

En la primera, *la escuela es aburrida* los alumnos consideran que es totalmente falso; para *no me gusta aprender* hay dos respuestas con el mismo puntaje, más o menos y falso. La siguiente *mis papás no me regañan si no trabajo* también obtuvo dos respuestas con la misma cantidad, más o menos y falso; en la cuarta, *no me importa que me castiguen,* sobresalió la respuesta de falso; en la quinta, *yo nunca hago caso a mi maestra,* se registró con el mayor puntaje la respuesta más o menos. Para la siguiente pregunta, *no me importa distraer a mis compañeros*, la respuesta falso se registró como la más alta; en la de *yo prefiero platicar y jugar antes de trabajar,* la respuesta mayor fue la de totalmente falso; en la pregunta ocho, *mis papás hacen lo que yo digo,* la respuesta que sobresalió fue totalmente falso; en la nueve, *mis papás me compran lo que yo quiero,* falso fue lo que la mayoría respondió; y finalmente en la pregunta diez, *aunque me porte mal nunca me pegan,* la respuesta que lideró fue totalmente falso.

Los resultados sobre las mismas aseveraciones, pero divididos por género:

Mientras que para los niños la respuesta que más sobresale es "más o menos" (dándoles igual), para las niñas es "falso" o "completamente falso", mostrando con ello la actitud positiva que tienen frente a la escuela y, por consiguiente, frente a su aprendizaje.

(SEGUNDA SEMANA)

REVISIÓN TEÓRICA

El término "actitudes" se ha empleado mucho para señalar el comportamiento de las personas, su estado emocional o su simple actuar, no obstante, es preciso definirlo a partir de lo que otros autores han desarrollado.

Una actitud es "un estado de disposición mental y nerviosa, organizado mediante la experiencia, que ejerce un influjo directivo dinámico en la respuesta del individuo a toda clase de objetos y situaciones" (Ubillos, Mayordomo y Páez).

La actitud es "una reacción afectiva positiva o negativa hacia alguien o algo (…). Se compone de 3 elementos: lo que se piensa (componente cognitivo), lo que se siente (componente emocional) y la tendencia a comportarse coherentemente con los pensamientos y emociones (componente conductual)." (Hernández Fernández).

"Las conductas disruptivas más destacadas son: la agresividad, falta de compañerismo, las conductas moralmente inadecuadas, las que atentan contra la autoridad del docente, las que dificultan el rendimiento académico, las que alteran las normas de funcionamiento de la clase y las dificultades de adaptación a la situación escolar y de aprendizaje." (Sepúlveda Millán).

"Los alumnos pertenecientes al fracaso escolar, echan la culpa a la escuela y los profesores, defendiendo así su sentido de autoestima y autoconcepto positivo (…). Los alumnos con éxito académico tienden a adoptar un comportamiento positivo hacia el colegio y trabajan con interés temas aburridos." (Sepúlveda Millán).

"En la teoría del aprendizaje social, se aprende por medio de la observación de otros que son utilizados como modelos (padres, hermanos, maestros y compañeros de clase) e intentan imitar su conducta, el aprendizaje se da cuando el alumno obtiene resultados favorables, de esta manera el aprendiz, contempla los pasos para adquirir nuevas capacidades, conocimientos e incluso actitudes." (Sánchez López).

"Los padres son los principales transmisores de principios, conocimientos, valores, actitudes, roles y hábitos que una generación pasa a la siguiente (…). El estilo permisivo, que se caracterizaría por aquellos padres que permiten que los niños rijan y dirijan sus propias actividades, es el hijo el que tiene el control de la familia y los padres suelen doblegarse frente a sus requerimientos y caprichos." (Navarrete Acuña).

"Los padres permisivos, falsamente liberales y que abdican de su responsabilidad en el fracaso escolar hacen que el hijo, al percibir el desinterés de sus padres hacia las actividades escolares y los resultados académicos, y viendo que su trabajo escolar no es apreciado, lo descuide y pierda su interés hacia él." (Ruiz de Miguel).

"La agresión relacional es más común entre las niñas. Sin embargo, en cuanto a la agresión manifiesta (ataques físicos y verbales), existe amplia evidencia en apoyo de su mayor frecuencia en los varones. Numerosos estudios llevados a cabo en muy diversos países han constatado que los varones son más agresivos que las mujeres no sólo físicamente sino también verbalmente desde incluso los 2-3 años." (Etxebarria, Apodaca, Eceiza, Fuentes y Ortiz).

"Durante toda la infancia, las niñas se muestran más complacientes que los niños con los progenitores, los maestros y maestras, y otras figuras de autoridad." (Etxebarria, Apodaca, Eceiza, Fuentes y Ortiz).

(CUARTA SEMANA)

CONCLUSIÓN GENERAL

Las actitudes negativas mostradas en el aula por los niños, se ven influenciadas por el estilo permisivo de los padres, repercutiendo así en su aprovechamiento escolar.

ACCIÓN DOCENTE

Sin duda alguna, la labor docente es una de las tareas que requieren de mayor atención y dedicación, son seres humanos con quien se trabaja y, por tanto, debe procurarse que haya una buena relación entre alumno-alumno y alumno-maestro para que abra paso a la comunicación y con ello a la confianza, siempre a base de respeto. Teniendo estos elementos ganados resulta más sencillo generar ambientes de aprendizaje que generen el conocimiento en nuestros alumnos. No obstante, cada niño tiene su forma de ser, sus ideas, sus estilos de vida, su educación, que en muchas ocasiones son más las diferencias que tiene con sus compañeros o que simplemente frenan su entusiasmo por aprender; es aquí donde el maestro se ve contrariado y se detiene a mirar y reflexionar sobre su propia práctica docente.

Personalmente, día a día me pregunto qué hice bien, qué hice mal, qué cosas me faltaron por hacer con el grupo o con ciertos alumnos con quienes no se logró el objetivo trazado; sin embargo, por el tiempo o las situaciones en las que nos encontramos inmersos nos quedamos con tales interrogantes pero sin buscarles alguna respuesta o solución.

En lo que respecta a la investigación, después de realizar el trabajo de campo y de recopilar información sobre el tema, logré darme cuenta de que podemos empezar por hacer cosas sencillas, cualquier esfuerzo por mínimo que parezca vale más que dejar las cosas igual, como si solas fueran a cambiar. En este caso puedo reunir a los padres de familia y hacerles ver cómo son los niños de manera general, sin nombres, para que ellos relacionen las conductas e identifiquen a su hijo(a); se puede complementar con videos o reflexiones respecto a su propio comportamiento y/o educación y la manera en como eso afecta o favorece en el desarrollo personal y académico de sus niños.

Con los alumnos, seguir mostrando preocupación y atención en su aprendizaje, para que sientan que es un compromiso tanto de ellos como nuestro; tener siempre a la mano actividades que favorezcan el autocontrol, como libros de colorear con mandalas para que enfoquen su creatividad, sentimiento y emociones en él; y, por supuesto, realizar una clase videograbada, la cual, además de formar parte de una autocrítica, puede servir para desmenuzar todos aquellos acontecimientos que se suscitan en el aula y que no los percibimos a simple vista o en tiempo real y que puede aportarnos mayor información sobre las actitudes de los niños y su aprovechamiento escolar. Los mismos alumnos podrían observarlo para que, igualmente, logren darse cuenta, con otros ojos, de lo que realmente ocupa su energía, tiempo y atención.

Bien lo dice Sydney J. Harris, "el propósito general de la educación es convertir espejos en ventanas", es decir, como maestros debemos abrir los ojos de nuestros niños enfocándolos más allá de su propia persona, de manera que sus ideas, pensamientos o sueños logren impactar de manera efectiva en toda una sociedad que requiere de esfuerzos sumados para mejorar; asimismo, como investigadores, debemos dejar de pensar en uno mismo y de vivir para uno mismo, es imprescindible levantar la mirada, ampliar nuestro campo visual y contribuir con lo que sabemos y descubrimos al mundo que nos ha ofrecido todo lo que ahora somos.

11

"PROBLEMAS DE CONDUCTA"

(PRIMERA SEMANA)

Relato general

Actualmente laboro en la Escuela Primaria "Vicente Guerrero" es una escuela urbana localizada en Calle 16 de Septiembre, Col. Progreso del municipio de Reynosa, Tamaulipas.

Es una escuela grande, tiene 2 aulas para cada año escolar, dos direcciones ya que también posee turno vespertino, dos cooperativas, se encuentra toda bardeada, tiene baños para niños y niñas por separado y también 2 baños exclusivos para el uso de los docentes, mi escuela no tiene un techado que proteja a los alumnos del sol durante las actividades diarias, tiene dos patios grandes, uno de concreto y otro de tierra en donde los alumnos juegan, tiene un pequeño foro que casi no se utiliza y en sí esa sería una pequeña descripción de la escuela.

Me llamo Cristina. Mi salón es espaciado, lo comparto con un segundo año por la tarde, pero eso no me impide tapizarlo de material didáctico para el apoyo de mis clases, ya que la maestra vespertina no tiene ese gusto por decorar su aula, y por eso me permite a mí decorar a mi gusto.

Estoy a cargo del grupo de 3°B el cual esta integrado por 32 alumnos, de los cuales 19 son niñas y 13 son niños, oscilan entre los 8 y 10 años de edad. Son muy dinámicos, positivos, es un grupo muy unido, les encanta trabajar en equipo, y ayudar a sus compañeros más pequeños.

A pesar de ser un grupo tan unido y cooperativo, tengo la excepción, son dos alumnos los cuales prefieren siempre estar separados del grupo, juegan solo ellos dos, y la mayoría del tiempo molestan a sus demás compañeros, y nunca se incluyen en las actividades grupales.

Relato específico

A pesar de que las dos docentes que estuvieron anteriormente a cargo del grupo que hoy poseo trabajaron continuamente en la inclusión de estos dos alumnos, hay algo en ellos que no desea que se les incluya, son apáticos al trabajo colaborativo, prefieren molestar continuamente a sus compañeros y demás integrantes de la escuela, son muy problemáticos y negativos.

He tratado de hablar con sus padres pero nunca se presentan a la escuela, investigué con mis demás compañeros docentes, y me comentan que ellos siempre han sido así desde que ingresaron a la escuela.

Me comentan que los padres de los alumnos, no se presentan nunca a las juntas o a llamadas de atención ni del docente ni del director.

Se ha tratado de mejorar la conducta de los dos alumnos, pero no se ha tenido mucho éxito, seguimos en trabajo de equipo buscando estrategias para que los alumnos mejoren su conducta.

Preguntas de investigación

- ¿Por qué los alumnos molestan a sus compañeros?
- ¿Por qué se rehúsan a trabajar de manera colaborativa?
- ¿Por qué los padres de los alumnos no se presentan en la escuela cuando se les solicita?
- ¿Tendrá algo que ver la forma de educación que reciben en casa?
- ¿Qué estrategias seria correcto utilizar para que los alumnos cambien su conducta?

(SEGUNDA SEMANA)

Trabajo de campo

Para responder a las preguntas que plantee en la unidad 1 me acerqué con mis compañeros docentes que tuvieron a mis alumnos en años anteriores y también pregunte a sus padres de familia en una pequeña reunión realizada exclusivamente con ellos.

- ¿Por qué los alumnos molestan a sus compañeros?

    Docentes responden: Los alumnos presentan estas conductas desde que ingresaron al primer año de educación primaria, y ambos son los hijos menores y se dice que en su casa no le prestan la suficiente atención.

    Padres de familia (alumno Rogelio): Comentan que el alumno tiene un problema médico y supuestamente requiere un tratamiento que no pueden costear, para lo cual en la escuela no han presentado un documento en el cual algún médico o psicólogo de fe del problema del niño.

- ¿Por qué se rehúsan a trabajar de manera colaborativa?

  <u>Docente que los tuvo en primer año:</u> Comenta que durante el ciclo escolar que estuvo a cargo del grupo no acostumbró a los alumnos a trabajar de manera colaborativa, pues, quería que fueran autosuficientes ante el trabajo.

  <u>Padre de familia (alumno Eugenio):</u> Comenta que al ser el hijo menor y sus hermanos ser muchos mayores que él, se acostumbró a estar solo en casa y tratar solo con adultos y adolescentes.

- ¿Por qué los padres de los alumnos no se presentan en la escuela cuando se les solicita?

  Los padres de los alumnos comentaron que trabajan en turnos nocturnos y matutinos (principalmente por la mañana) es por ello que me solicitaron citarlos con un mínimo dos semanas de anticipación para poder pedir permisos en sus trabajos.

- ¿Tendrá algo que ver la forma de educación que reciben en casa?

  Con la información que recolecté, llegué a la conclusión de que sí tiene algo que ver la vida en casa, ya que ambos son los hijos menores, están acostumbrados a estar solos durante el día y realizar sus tareas sin ninguna supervisión, también algo de responsabilidad la tienen los docentes que han dejado que la situación de los alumnos siga siendo la misma.

- ¿Qué estrategias seria correcto utilizar para que los alumnos cambien su conducta?

Sinceramente, aún sigo en búsqueda de actividades que puedan ayudarme con los alumnos, estoy en pláticas con mis compañeros con más experiencia los cuales pueden ayudarme a mejorar la situación de los alumnos.

(TERCERA SEMANA)

Revisión teórica

El ser humano es un ser social por naturaleza, por lo que hay estudios que muestran que la soledad no siempre es la mejor opción para la salud. Ésta se ha asociado a una menor cantidad de flujo sanguíneo y a un sistema inmune más pobre, lo que también puede aumentar las probabilidades de sufrir depresión.

Comúnmente se toman en cuenta 4 formas de ser, que identifica mas fácilmente a las personas:

• El conformista

Una persona conformista es aquella que vive sola, y aunque preferiría vivir acompañada no hace nada para cambiar su situación. Todo a su alrededor le parece bien y simula adaptarse aunque no esté de acuerdo. Este tipo de persona solitaria no es aconsejable para ninguna persona puesto que no podrá crecer en ningún ámbito de su vida.

• El escapista

Estas personas no tienen el valor para mirar dentro de sí mismas y reconocer que no sólo se sienten solas sino que además, lo están. Disimulan su vida solitaria con una vida social muy agitada pero sobre todo, artificial. Los escapistas huyen de su realidad ignorándola o simplemente negándola, porque no tiene fuerza suficiente para enfrentarse a ella.

- El mártir

Este tipo de persona solitaria se recrea en su desgracia hasta que logra, por sí sola, hundirse. No sólo sufre ella sino que además intenta transmitir este malestar a las personas de su alrededor o que se cruzan en su camino. Esto hará que las personas quieran alejarse de ella y no podrá salir de su situación de vida solitaria.

- El proactivo

La persona solitaria y proactiva es capaz de enfrentarse a las dificultades de la vida de forma directa y frontal. No intenta auto engañarse y toma decisión con información y con personalidad propia. Disfruta de las situaciones y saca la mejor parte de todo y si algo no le gusta, simplemente busca la manera de cambiarlo para estar mejor.

(CUARTA SEMANA)

Conclusión general

Somos tantas personas diferentes como tantos somos en el mundo. Es cierto que es posible que tengamos muchas características comunes en la personalidad que haga que nos asemejemos más a unos que a otros y que gracias a eso podamos encontrar afinidad en una relación de amistad, de pareja o laboral, por ejemplo. Pero también existen personas que aún asemejándose a otros prefieren estar solas, siendo personas solitarias.

12
"LAS MATEMÁTICAS"

(PRIMERA SEMANA)

MARCO CONTEXTUAL

Actualmente estoy laborando en la Escuela Primaria Francisco Hernández Cuesta, turno vespertino en un horario de 1:30 a 5:30 pm, se encuentra ubicada en la Colonia 1 de mayo en la calle Francisco Rendón, sin número, en el Municipio de Nuevo Laredo, Tamaulipas.

La escuela se encuentra delimitada por casas de concreto y de madera, una construcción abandonada, lotes baldíos y diversos comercios, principalmente tiendas de abarrotes, papelerías, carnicerías, fruterías, tortillerías y la mayoría de las calles que la rodean se encuentran pavimentadas lo que facilita el acceso a ella. Cuenta con todos los servicios básicos como son agua, luz, drenaje, teléfono e internet.

La población de padres de familia que atiende la escuela es de clase trabajadora. Los roles dentro de la familia están bien definidos; mayoritariamente el padre de familia es quien se encarga de los gastos familiares y las madres se dedican exclusivamente al hogar y a atender a sus hijos. Los principales trabajos a los que se dedican los padres de familia de esta escuela son el comercio, choferes (transfer, camiones urbanos, etc.), albañiles, empleados de fábricas y mecánicos. Las familias que atiende la primaria viven en las calles de los alrededores de la escuela.

Cuando es día lunes o es una fecha importante siempre se rinden los honores correspondientes y se hace una asamblea abierta para conmemorar el suceso.

Las actividades que se realizan durante el día van de acuerdo a sus planeaciones o las situaciones que se vayan presentando con sus alumnos; en algunas ocasiones los docentes tienen reuniones que por lo regular son a la hora del recreo para evitar suspender clases o dejar a los alumnos solos en el salón. Los maestros de inglés están distribuidos por ciclos, y sus horarios se organizan junto con la directora de la escuela y se lo presentan a los maestros a principio del año para en caso de ser necesaria una modificación, en algunas ocasiones especiales se cambian los horarios, pero solo son momentáneos. Las clases de inglés tienen una duración de treinta minutos.

El salón de clase de los alumnos donde reciben el aprendizaje, está equipado con 38 mesa bancos, un pizarrón, un escritorio, una mesa, un aire acondicionado, el rincón de las matemáticas, asimismo el reglamento del salón, sin olvidar el cuarto de limpieza.

En el horario de trabajo se me hace un poco corto el tiempo, sin embargo realicé un horario de clases flexible para favorecer el aprendizaje de los alumnos, cada día los alumnos tienen media hora de inglés, al finalizar, sigue la clase de español y matemáticas, entrando del descanso se realizan las clases de Tamaulipas o Ciencias Naturales. Lunes, Martes, Jueves y Viernes es Formación Cívica y Ética y Educación Física.

Me llamo Samuel, y mi grupo es el tercer grado A, está compuesto por 36 alumnos, 11 niñas y 25 niños, la mayoría de los alumnos están entre la edad de 8 a 9 años de edad, como se puede apreciar predominan más los niños dentro del salón de clases.

A la mayoría de los alumnos les interesan más las asignaturas de español y ciencias naturales, cabe mencionar que en el grupo se encuentran 3 alumnos que no trabajan en clase, su interés en la clase es muy escaso, por lo que algunos de ellos se disponen a ponerse de pie y hablar con sus compañeros, lo que ocasiona un desorden dentro del salón de clases, además de no realizar trabajos. Algunos alumnos son muy participativos, creativos, inteligentes, como muy puntuales.

Siempre cuando doy la bienvenida o en la salida, los alumnos me despiden con abrazos o apretón de manos, un saludo no muy común dentro del contexto que se encuentra la escuela, al momento de empezar con el grupo, nunca llevaban uniforme, por lo que ahora todos llegan uniformados y puntuales, que fue un buen cambio dentro del salón de clases.

Mi primera experiencia en la comunidad escolar, fue que al momento de llegar al salón de clases me percaté de que solo tenía a la mitad del grupo, existía mucha ausencia, por el motivo de no tener maestro durante los meses de febrero y marzo, por lo que los padres de familia no los llevaban, al día siguiente se corrió el rumor de que había llegado un maestro nuevo, por lo que los padres de familia se presentaron conmigo, preguntándome ¿Cuándo seria la junta? Por lo que, a la semana de entrar, se realizó la junta, donde fueron la mayoría de los padres, donde recibí el apoyo de los padres para la realización de actividades y trabajos para poder sacar adelante al grupo que tenía muy bajo nivel académico, por la falta de maestro y la inasistencia de los educandos.

Los alumnos muestran muy poco interés en la materia de matemáticas, por su complejidad y utilización de diferentes problemas, por lo que trato de hacer la clase más dinámica y utilizar material para favorecer el aprendizaje de los alumnos. En los <u>problemas razonados los alumnos muestran un bajo desempeño,</u> siendo un factor importante, porque de ahí parte la mayor parte de la asignatura donde podrán utilizar sumas, resta, multiplicaciones, divisiones con problemas acoplados al contexto y cosas de la vida cotidiana. Además, me pude percatar que problema en mis alumnos era la falta de analizar problemas, resolverlos correctamente asimismo no podían por ellos mismos encontrar una solución.

Durante mis primeros días frente al grupo, me percaté que los alumnos al contestar problemas razonados, no le dan la importancia necesaria, no leen con atención, ni les gusta la materia.

Esto ocasionaba confusiones y desinterés, además de no poder identificar las palabras claves para resolver el problema correspondiente. Esta situación la pude descubrir gracias a unos problemas razonados que los alumnos realizaron, donde se muestra claramente que varios alumnos no sabían realmente qué operación hacer.

Lo que me agrada de mi grupo es que son muy trabajadores, si algunos de ellos no entienden lo que expliqué, me preguntan con confianza y se les vuelve explicar de diferente manera para que puedan captarlo de mejor manera.

Lo que no me agrada es el poco tiempo que tengo para poder enseñar a los alumnos sin olvidar que los alumnos al momento de poder copiar actividades o un ejemplo que se escribe en el pizarrón tardan mucho tiempo en pasarla a su cuaderno, el tiempo estimado es entre media hora a cuarenta y cinco minutos, por lo que estoy tratando de mejorar el rendimiento en la cuestión de que sean más rápidos al escribir los trabajos y no perder tiempo, además he utilizado ese tiempo para ponerle un poco más de atención a los alumnos que sobresalen en la clase, a los alumnos que tienen un bajo rendimiento, en algunas ocasiones me quedo con ellos en la hora de descanso para poder explicar individualmente la activad que realizamos.

Dentro de mi salón de clases tengo 3 alumnos que están en la etapa de pre silábico por lo que estoy tratando de poder avanzar más con ellos para mejorar el desempeño de cada uno de ellos.

El trabajo entre mis compañeros docentes y directivo es de una manera muy comunicativa, me han dado consejos y apoyo necesario para mejorar mi práctica docente.

La relación entre maestro-padre de familia, desde el primer momento en que me presenté frente al grupo, existió el apoyo de los padres, asimismo cuando realicé la junta, hubo una gran respuesta por parte de ellos, hablamos sobre temas de gran importancia como lo es el trabajo en equipo entre el maestro y padre de familia, expliqué que necesitaba el compromiso de ellos para que pudieran ver un gran avance en el trabajo con sus hijos en este corto tiempo. El apoyo aún sigue en marcha porque un maestro necesita tener una buena comunicación con los padres así también con los niños.

Me gustaría tener un poco más de comunicación con los padres de familia de los alumnos de un bajo nivel académico. Para poder encontrar una solución y poder sacarlos de ese bajo nivel donde se encuentran.

En el corto tiempo que he estado con el grupo he tenido mayor relación con los alumnos que no muestran interés en la clase, lo hice con la intención de conocerlos más a fondo, para encontrar una estrategia que me ayudara a incluir más el interés de ellos dentro de las clases, que por medio de este interés puedan trabajar y así avanzar.

Con los alumnos que no he tenido mucha relación, son los que me trabajan y están la mayoría del tiempo en silencio, me gustaría conocerlos más, para poder saber qué les gusta y utilizarlo para expulsar el potencial que ellos tienen, además de que se puedan involucrar con los demás compañeros.

Es muy importante incorporar a los padres de familia en los procesos de aprendizaje de sus hijos porque el alumno podrá observar que no solamente en la escuela se ve la importancia del tema que se dio, sino que en su misma casa se le dará la continuidad necesaria para reforzarlo con actividades extra, el involucrar a los padres de familia es necesario para poder elevar el nivel académico de cada alumno.

Aún en mi centro de trabajo puedo observar que es de una manera diferente, porque hoy en la actualidad madre y padre trabajan en un horario diferente, algunos alumnos llegan a su casa o se quedan con un vecino porque sus padres llegan tarde del trabajo, existe un factor diferente.

Cuando realicé la junta de padres de familia mi principal objetivo era el trabajo colaborativo entre maestro y padre de familia, algunos me comentaron que no tendrían tiempo para darle a sus hijos por el tiempo que laboran, más se le explicó que hay que dar un poco del tiempo del día para darle la importancia necesaria a sus hijos y que ellos puedan ver que están atentos a lo que realizan asimismo que me buscaran en la hora de entrada o salida y yo estaría en la mejor disposición de atenderlos y explicarles en qué está fallando su hijo o en qué está batallando, explicándoles cómo podrían mejorar o qué actividades realizar en sus casas.

El poco interés en la asignatura de matemáticas.

Las matemáticas son fundamentales para el desarrollo intelectual de los niños, les ayuda a ser lógicos, a razonar ordenadamente y a tener una mente preparada para el pensamiento, la crítica y la abstracción.

Las matemáticas configuran actitudes y valores en los alumnos pues garantizan una solidez en sus fundamentos, seguridad en los procedimientos y confianza en los resultados obtenidos. Todo esto crea en los niños una disposición consciente y favorable para emprender acciones que conducen a la solución de los problemas a los que se enfrentan cada día.

Bien es cierto que el enfoque de la enseñanza ha cambiado últimamente, y por ello puede resultar un tanto extraño para el docente tomar otro tipo de responsabilidades, en el proceso de la enseñanza de las matemáticas, no se pretende que yo busque explicar de una manera más sencilla a mis alumnos, sino que debo ser un maestro analítico y claro proponer problemas interesantes, bien estructurados para que los alumnos puedan poner en juegos sus conocimientos previos para que se tenga un avance en el empleo de técnicas y razonamientos.

A lo largo de mi experiencia en las prácticas identifiqué que gran parte de mis alumnos tenían dificultades y un bajo rendimiento en la materia de matemáticas, principalmente en la resolución de los problemas razonados. Tomé entonces la decisión de enfocarme en esta materia porque observo una oportunidad a la que se le debe poner más atención para trabajar las habilidades intelectuales y cognoscitivas de los educandos, ya que al trabajar sobre ello se posibilita el desarrollo de algunas otras habilidades y capacidades.

No es extraño que un niño no sea capaz de resolver un problema matemático si no sabe leer o no logra comprender. El proceso de resolución de problemas es unas de las actividades básicas de razonamiento lo que permite al estudiante activar su propia capacidad mental, ejercitar su creatividad, reflexionar y mejorar sus procesos de pensamiento para afrontar situaciones problemáticas con una actitud crítica.

Sin embargo, se puede notar que, dentro de los procesos matemáticos, la mayoría de los alumnos tienen dificultades, ésto se debe a múltiples factores, pero lo que se observa frecuentemente, es que los alumnos que tienen deficiencias en la comprensión de textos, no pueden procesar, deducir, y construir significados a partir de situaciones problemáticas en matemáticas.

Lo que más me preocupa en particular es que los alumnos no muestren un gran interés en la realización de las actividades, asimismo muestran una lentitud en la elaboración de trabajos, además observando al grupo me he dado cuenta que algunos alumnos realizan las operaciones con el propósito de obtener un resultado cualquiera y no el resultado mejor, varios de ellos no piensan en el momento de resolver el problema planteado, algunos alumnos son ágiles de pensamiento y creativos, generalmente terminan de una manera correcta el problema, pero aún tienen dificultades para expresar el proceso, en mi grupo hay dos alumnos que se rinden fácilmente ante la resolución de problemas, suelen dejar los problemas en blanco, ni lo intentan, más será un grande desafío hacer que los alumnos puedan trabajar, se interesen en la clase, motivarlos para que puedan participar con el grupo, lo que más necesitan los alumnos son situaciones significativas que le contribuyen numerosos sucesos de desafío a dicha resolución.

Preguntas de Investigación.

¿Por qué los alumnos no muestran interés en la resolución de problemas matemáticos?

Los alumnos muestran un gran desinterés en la asignatura de matemáticas, resuelven los problemas como algo superficial, una situación en la cual ellos no forman parte de o no tienen noción de lo que se le pretende plantear. Es importante hacer de los problemas razonados, problemas vivenciales, los cuales les brinden una mejor experiencia y la utilice como herramienta primordial para el análisis que lo llevará a comprender la situación que se propone resolver reconociendo así mismo la operación a efectuar para su solución. A lo anterior podemos incluir los efectos y emociones negativas hacia la materia de matemáticas, lo cual recae a su vez en cuestiones de enseñanza empleada por docentes que han formado parte de su andar educativo, así como el modo en que se les presenta, es decir, la didáctica, ya que normalmente se hace referencia a ella como una tarea complicada y desafiante, lo que despierta en el alumno reacciones no favorables a la misma, creando en él una barrera en formas de dificultades de aprendizaje, y por ende, puede no poner el interés necesario para analizar y comprender lo que se le propone. En el momento en que un alumno no es capaz de realizar un problema matemático, existe una deficiencia en la comprensión lectora del mismo, ya que en él se menciona, de manera directa o no, qué es lo que se pretende el alumno realice. Haciendo énfasis en lo mencionado en el párrafo anterior, el que exista un déficit en la comprensión de problemas matemáticos, parte principalmente de la redacción y modo de plantear el mismo, puesto que normalmente se le propone al alumno un problema razonado donde la operación a realizar se encuentra "oculta" dentro de él, por lo cual, existe la necesidad de desarrollar en el análisis, la concentración y la comprensión del texto para que en conjunto, sean una herramienta indispensable para la realización de ellos.

¿Por qué el alumno se rinde al no encontrar soluciones?

El alumno se rinde de una manera muy fácil por el motivo que no tiene el interés de realizarlo, no tiene una perceptiva importante de la actividad que se está realizando por ende el alumno se aburre, realiza otras actividades diferentes.

¿Qué motivación necesitará el alumno para generar su participación en las matemáticas?

Las matemáticas son un tema de motivación, no de capacidad, algunos alumnos les resulta complicada, aburrida y difícil. En algunas ocasiones sucede porque se abusa de la memorización y se enseña de una forma que no motiva a los alumnos.

¿Qué actividades podrán resaltar un aprendizaje significativo en los alumnos?

Unos de los principales aspectos que hice es trabajar con los alumnos en el desarrollo de este tema, es que los problemas matemáticos influyan en la coordinación de puesta en práctica de sus conocimientos, habilidades y experiencias, ya que en conjunto conforman una herramienta esencial para la resolución de cualquier problemática que se les llegase a presentar en la vida. Para ello, deberán proponerse actividades que favorezcan el desarrollo de lo antes mencionado, atrayendo primeramente el interés de ellos, despertando la motivación para crear actitudes que posibiliten que se le logre el objetivo propuesto. Aúnado a todo lo antes planteado, se sabe que se abre más el canal de aprendizaje de los niños cuando se juega, por lo que tomo esto como base para el diseño de las actividades a proponer en el desarrollo de mi propuesta para beneficiar la comprensión de los problemas razonados.

(SEGUNDA SEMANA)

Trabajo de campo

Se darán a conocer primeramente las herramientas que consideré fundamentales para su resolución, las cuales son aquellas palabras clave para la solución de cada tipo de problema matemático, los cuales pondrán en práctica en la actividad que esté diseñada para su aplicación.

En cada etapa de desarrollo, el niño tiene una forma de ver la realidad que desde luego no siempre coinciden con la del adulto y por ello es importante saberlo; ahora, mi tarea como maestro va más allá de adquirir ese conocimiento del desarrollo del infante para emplearla en el diseño de estrategias didácticas acordes con las características, necesidades e intereses de los alumnos.

Mi propuesta consiste en una estrategia que está integrada por diversas actividades que implementé con el fin de mejorar el nivel de los niños en la asignatura de matemáticas como en la de español, sin dejar a un lado la resolución de problemas razonados que es mi motivo principal, recuperando los conocimientos previos que el alumno ya posee, y dando seguimiento a cada actividad. Las actividades fueron creadas con el fin de desarrollar diversos ejercicios donde el alumno aplique sus habilidades al mismo tiempo de mover sus saberes, como lo menciona el Acuerdo 592:

De ahí que los procesos de estudio van de lo informal a lo convencional, tanto en términos de lenguaje como de representaciones y procedimientos. La actividad intelectual fundamental en estos procesos se apoya más en el razonamiento que en la memorización. El énfasis de este campo se plantea con base en la solución de problemas, en la formulación de argumentos para explicar sus resultados y en el diseño de estrategias y sus procesos para la toma de decisiones. En síntesis, se trata de pasar de la aplicación mecánica de un algoritmo a la representación algebraica.

Por lo tanto, me di a la tarea de poder llevar las matemáticas de lo aburrido a lo práctico y/o sencillo; que los alumnos al realizarlas no las vieran de un modo negativo, plantearles diferentes problemas de la vida diaria donde ellos tienen un mayor acercamiento, por lo mismo me di a la tarea de buscar diversas actividades con el propósito de hacerlas acorde a las necesidades de mis alumnos como lo menciona el Plan de Estudios 2011:

"Los principios pedagógicos son condiciones esenciales para la implementación del currículo, la transformación de la práctica docente, el logro de los aprendizajes y la mejora de la calidad educativa."

En el desarrollo de mis estrategias, al mismo tiempo de ver las matemáticas con el tema de resolución de problemas razonados también utilicé la compresión lectora, que es un factor importante para poder solucionar un problema.

Las actividades implementadas son las que a continuación describo:

Actividad No.1: Diario viajero

El diario es un registro de elementos que ponen de manifiesto los aspectos del aprendizaje y del crecimiento personal y profesional de cada alumno a lo largo de un tiempo.

"Escribir el diario es un acto de transformación de las percepciones, pensamientos y sentimientos en letra impresa, proceso que no se limita al registro de notas, de sucesos o hechos anecdóticos, sino implica la elaboración de ideas a partir de la comprensión de la realidad."

En la actividad se realiza un rol a través de la lista de cotejo en el cual se lleva el control del día que le corresponde a cada alumno llevarse consigo el diario y escribir como tarea lo realizado durante esta jornada, además en él se contrasta los aprendizajes esperados obtenidos en el transcurso del día; a través de un ejercicio elaborado por alumno se comprueba los aprendizajes que él ha aprendido así como sus avances dentro del aula de clases donde al día siguiente el alumno que se lo haya llevado, deberá leerlo frente al grupo antes de empezar las clases, sirviendo esto para dar una retroalimentación de lo que aprendieron el día anterior.

El diario es una mediación escritural que cumple una función pedagógica cuando su uso deviene a una interlocución fluida y formativa estudiante-docente.

Gimeno Sacristán menciona que el papel del maestro es de "un agente activo en el perfeccionamiento curricular de los contenidos que se imparten y de los códigos que organizan esos contenidos condicionando con ello toda la gama de aprendizajes de los alumnos". Los profesores son mediadores, sin embargo, el diario viajero propicia una relación dialógica directa entre alumno-maestro.

La utilización del diario viajero implica que en los alumnos se les desarrolle la destreza de comprender, aumento de la memoria, la capacidad para ver, percibir, analizar, crear, innovar y resolver problemas de igual manera como lo menciona el Programa de Estudios 2011 que para que el alumno se apropie de la práctica social del lenguaje es necesario incluirlo en una experiencia individual o colectiva, donde se implique diferentes modos de leer, interpretar, y analizar textos, así como de apropiarse de la escritura, gracias a esto, puedo mencionar que esta actividad será satisfactoria para los alumnos, ya que podré lograr que participen eficientemente en la actividad, de una manera sana y positiva, que puedan ellos leer la información que escribieron frente al grupo al mismo tiempo que reflexionen, tomen conciencia de lo que se realizó en el día para que lo puedan plasmar en el Diario.

Actividad No.2 ¿Dónde están las palabras claves?

La resolución de problemas matemáticos es un gran desafío. Con esta actividad pretendo que los alumnos identifiquen las palabras claves que indican qué operación realizar en diferentes problemas razonados.

Al mismo tiempo de realizar la actividad los alumnos se apropian de sus competencias matemáticas de resolver problemas de manera autónoma, donde aprenderán a analizar el problema que se les presente tanto en la escuela como en la vida. Como anteriormente lo mencioné las matemáticas no sólo se utilizan en la escuela sino siempre, diariamente utilizamos las matemáticas aún sin saber que lo hacemos.

Actividad No.3 DIFÍCIL O MUY FÁCIL ¿Qué te pareció el problema?

Los alumnos deberán desarrollar sus habilidades y conocimientos primero para resolver el problema razonado y segundo para poder explicar cómo resolver el problema con sus propias palabras, como lo menciona el propósito del estudio de las matemáticas para la Educación Básica:

"Desarrollen formas de pensar que les permitan formular conjeturas y procedimientos para resolver problemas, así como elaborar explicaciones para ciertos hechos numéricos o geométricos" (Programa de Estudios 2011 pag.61.)

Primero el alumno tendrá que tener la habilidad de leer y analizar, teniendo en cuenta que saber leer es comprender bien el problema para luego buscar los datos, las palabras claves que se quiera encontrar ya que muchas veces los alumnos logran resultados diferentes que no por ello son erróneos, sino que pertenece a una idea diferente al del problema.

Aplicación de la propuesta.

En la primera actividad lo primero que hice fue que se les mostró a los alumnos el Diario y se les dio una breve explicación enfrente del grupo, explicando que sería una nueva actividad diaria y que le tocaría a cada alumno, todo por medio del número de lista.

Lo primero que hablé con ellos es que se lo tenían que llevar a su casa, posteriormente pensar todo lo que realizamos en la escuela, algo significativo, importante, alguna actividad en especial que te haya interesado y qué es lo que aprendiste de esa clase; después deberían escribir todo lo que pensaron de eso, de igual manera se podría hacer algún esquema o dibujo para representar la actividad realizada en las clases.

Al dar inicio la actividad los alumnos se mostraron con un gran interés en ser parte de ella. Al primer alumno que le tocó fue a Luis Ronaldo, donde el alumno debía poner atención en las clases y al finalizar recordar lo más significativo para él, todo lo que recuerda para escribirlo en el diario viajero. Al día siguiente después de revisar las tareas los alumnos me dijeron: Maestro Samuel; el Diario no lo va a leer Luis, por lo que respondí, "claro que sí, favor de pasar al frente del grupo y leer lo que nos escribiste en el Diario". Cuál fue mi sorpresa que el alumno mientras leía se podía observar que plasmó en el Diario lo que él realizó durante el horario de clases, algo resumido, pero no en si las actividades importantes, por lo que me di a la tarea de explicar nuevamente la verdadera intención de utilizar el diario, realicé un ejemplo de cómo se haría el diario, para que pudieran tener más claro lo que deseaba que se hiciera.

Al día siguiente al alumno que le tocó lo realizó de la manera correcta, plasmando en él los acontecimientos importantes, las actividades realizadas y lo que el más le gustó de esas actividades, así como explicó diferentes actividades que él no pudo comprender.

Al escuchar eso del alumno, pregunté a los alumnos si tenían también una dificultad en la actividad que mencionó su compañero, por lo que la mayoría contestó que sí; entonces retroalimenté la actividad para reforzarla, explicándola de nuevo y utilizando nuevos ejemplos para que fuera más fácil su comprensión. Todo gracias al diario viajero donde me pude percatar de las necesidades de los alumnos, dónde los alumnos tienen fallas y en dónde podría mejorar yo como maestro para elevar su nivel, no sólo en las principales asignaturas que son español y matemáticas sino en todas.

Al momento de que el diario les tocó a los alumnos con más bajo desempeño en varias materias, pude entender un poco más la manera de cómo a ellos les gustaría aprender, qué materia les gustaba más, no sólo a ellos sino a todo el grupo; trataba no nada más utilizar esas materias sino todas con un fin en común; que todos en el grupo fueran capaces de superarse en la vida y ser competentes el día de mañana.

(TERCERA SEMANA)

Revisión teórica.

Un aprendizaje es significativo cuando los contenidos se relacionan de modo sustancial y no arbitrario con prácticas o conocimientos principales que el alumno posee en su estructura cognoscitiva.

Por lo tanto, en el proceso educativo es primordial imaginar lo que el alumno ya posee, de manera que él cree una relación de lo que sabe con lo que debe aprender.

El aprendizaje se vuelve realmente significativo cuando se alcanza establecer una conexión entre una nueva información con un concepto relevante previamente existente en la estructura cognitiva del educando, para lo cual, este debe preexistir de manera clara y disponible para lograr el anclaje de ambos conceptos.

"La característica más importante del aprendizaje significativo es que, produce una interacción entre los conocimientos más relevantes de la estructura cognitiva y las nuevas informaciones, de tal modo que estas adquieren un significado

y son integradas a la estructura cognitiva de manera no arbitraria y sustancial, favoreciendo la diferenciación, evolución y estabilidad de los subsensores pre existentes y consecuentemente de toda la estructura cognitiva. (Ausubel, 1983)

Para Piaget la inteligencia es una estructura biológica organizada y funcional que el niño trae al nacer y que al entrar en contacto con el medio, le permite reaccionar ante los estímulos para que en forma progresiva, construya el conocimiento del mundo que le rodea. Para él, en todo el proceso de desarrollo de la inteligencia está ligado un proceso de estimulación entre dos aspectos de la adaptación, que son: la asimilación y la acomodación.

Otro autor que maneja el desarrollo de los niños es Vygotsky, para quien el aprendizaje que los niños encuentran en la escuela tienen siempre una historia previa, es decir, que en ocasiones los educandos se enfrentan a problemas por resolver, en los que implícitamente utilizan contenidos de manera informal.

Sostiene que el aprendizaje se da en la interacción que tiene el niño con su medio, es decir, con el mundo social que lo rodea, y por lo tanto, se presenta una interacción social en donde el individuo aprende a partir de relaciones sociales que tiene con las demás personas.

Vygotsky afirma que existen dos niveles evolutivos:

- Nivel evolutivo real. - Es el nivel de desarrollo de las funciones mentales de un niño, estableciendo como resultados ciertos ciclos evolutivos llevados a cabo; un ejemplo claro es cuando se determina la edad mental por medio de un test, en donde los alumnos utilizan casi siempre su nivel evolutivo real.

Se supone que son aquellas actividades que los niños pueden realizar por si solos y las que indican su capacidad mental.

- Nivel real de desarrollo. - Define las funciones que ya han madurado, son los productos finales del desarrollo. Si un niño es capaz de realizar esto o aquello de modo independiente, significa que las funciones para tales cosas han madurado en él.

Cuando el alumno se encuentra en un estado intermedio entre el nivel evolutivo real y el nivel real de desarrollo se le denomina "zona de desarrollo próximo", que es, "la distancia entre el nivel real de desarrollo, determinada por la capacidad de resolver independientemente un problema, y el nivel de desarrollo potencial, determinado a través de la resolución de un problema bajo la guía de un adulto o en la colaboración con otro compañero más capaz que es en el nivel donde la mayoría de mi grupo se encuentra.

Analicé a este autor porque a diferencia de Piaget, para él, la resolución de un problema no depende de la etapa en la que se encuentre el niño sino de las experiencias que ha tenido, y estoy de acuerdo con él, porque un alumno puede ser capaz de resolver problemas, que podrían definirse como complejo para su edad y lo puede hacer por las circunstancias que la vida le ha presentado.

Por ejemplo, un niño que vive en la calle, vendiendo chicles, tiene una habilidad en las cuentas matemáticas, así tenga seis años, porque enfocándolo desde el punto de vista de la propuesta basada en la resolución de problemas, es un problema en el que está involucrado y que tiene la necesidad de resolver.

En cambio, con los educandos de sexto grado me encontré con casos donde hay niños que obtienen respuestas erróneas al tratar de resolver problemas razonados simples, donde se tenían que utilizar las operaciones básicas como suma, resta, multiplicación y división, que como menciona Vygotsky: "sólo pueden resolverlo si el maestro les ayuda o dirige para que no se desvíen y se centren en el ejercicio."

Yo creo que si trato de cambiar varias actividades didácticas podría formar alumnos reflexivos, analíticos y competentes que se pretende con la educación, porque se estarían formando individuos que supieran resolver los problemas que la vida diaria les presenta y no sólo se enseñarían contenidos que en la mayoría de las ocasiones sólo memorizan o mecanizan para contestar "ejercicios".

Un autor que me gustaría mencionar y que tiene mucha relación es Ausubel, pues nos dice que el aprendizaje es significativo cuando lo que se le enseña al niño tiene relación con sus saberes previos y de esta manera se puede modificar y reconstruir sus esquemas previos.

Tratando de resumir la teoría de Vygotsky y Ausubel, y que es algo que pude observar desde el primer día de clases o cuando iba a iniciar un tema nuevo: los niños no llegan a la escuela con una mente en blanco, por el contrario, llegan con experiencias y conocimientos que han construido al relacionarse con su entorno, y esto van a influir en el nuevo aprendizaje.

El aprendizaje que adquieren los alumnos puede darse por descubrimiento y se produce cuando el docente les presenta todas las herramientas necesarias más que descubra por sí mismo lo que se desea aprender.

En la actualidad en los libros de los alumnos "Desafíos matemáticos" podemos observar que en cada lección siempre viene la actividad que realizarán en parejas, en equipos o de manera individual como lo menciona el principio pedagógico del Plan de Estudios 2011 "Trabajar en colaboración para construir el aprendizaje", donde debe el alumno descubrir, buscar la solución, coincidencias y diferencias, con el propósito de construir un aprendizaje; de otra manera es resolver el problema que se le está presentando donde utilice las diferentes habilidades o herramientas que él ha aprendido a lo largo de su trayecto formativo.

El aprendizaje por descubrimiento constituye un aprendizaje muy efectivo, cuando se lleva a cabo de modo idóneo, asegura un conocimiento exitoso y fomenta hábitos de investigación y rigor en los individuos.

Según Bruner, podemos hablar de tres tipos de descubrimiento:

- ✓ Descubrimiento inductivo. - Implica la colección y reordenación de datos para llegar a una nueva categoría, concepto o generalización.
- ✓ Descubrimiento deductivo. - El descubrimiento deductivo implicaría la combinación o puesta en relación de ideas generales, con el fin de llegar a enunciados específicos, como en la construcción de un razonamiento.
- ✓ Descubrimiento transductivo.- En el pensamiento transductivo el individuo relaciona o compara dos elementos particulares y advierte que son similares en uno o dos aspectos.

La resolución de problemas es una manera de fomentar dichas características basadas en el aprendizaje por descubrimiento, en un primer momento es conveniente explorar los conocimientos previos de los niños que están relacionados con las situaciones cotidianas de su vida diaria; de esta manera el alumno asimila y acomoda con sus esquemas previos que da como resultado un aprendizaje significativo y el desarrollo de las habilidades necesarias que les permitan resolver diversos problemas.

Es importante conocer el desarrollo y las características de los alumnos para el diseño y adecuación de las estrategias didácticas, que ayudan al logro de los propósitos del currículo matemáticas y por lo tanto, que permita a cada estudiante enfrentar y dar respuestas a determinados problemas que la vida moderna le presente, en donde se pondrán a prueba los conocimientos, las habilidades y actitudes desarrolladas durante su educación básica es por eso que se planifica con base en las necesidades de los alumnos, porque la planificación es un elemento de la práctica docente para elevar el nivel de aprendizaje de los estudiantes hacia el desarrollo de sus habilidades y competencias.

Lograr que los alumnos resuelvan por ellos mismos los problemas sin ayuda del maestro, que busquen e indaguen la manera de llegar a la solución, que por ellos mismos compartan las ideas, exista un ambiente de aprendizaje positivo, donde se expresen sin miedo a equivocarse sino con ganas de aprender más.

A lo largo del tiempo se ha considerado a las matemáticas como una de las materias con mayor presión tanto social como familiar. En el ámbito social, con el simple hecho de escuchar la palabra "matemáticas" ya surge una cierta negativa a esto, lo cual se va trasmitiendo de generación en generación o de un ámbito a otro llegando así a un gran número de personas el rechazo o desagrado por dicha asignatura. En cuanto al ámbito familiar concierne, los padres pueden ser el factor principal para que se genere una actitud negativa o de cierto rechazo por esta rama, o de manera contraria, surja un cierto interés por ella.

Las cuestiones de rechazo suelen surgir cuando en casa se le impone el estudio de ellas y los padres los obligan a utilizar ciertos métodos que ellos utilizaban, sin darle oportunidad al niño de emplear alguno que para él sea más factible.

Es importante destacar que las matemáticas es una ciencia en si misma totalmente abstracta: por lo tanto, puede desarrollarse a partir de razonamiento lógico y por consiguiente independientemente de la realidad que le dio origen, es por este motivo que su enseñanza debe ser meramente contextual.

Hoy en día las matemáticas se usan para prácticamente en todas las áreas del quehacer humano, desde las actividades cotidianas hasta una investigación científica; por consiguiente, el ser humano se encuentra con la necesidad de fortalecer sus conocimientos matemáticos y esto es aplicable para profesionistas así como para ciudadanos comunes: en otras palabras individuos que han tenido diferentes experiencias, por esta razón al momento de trabajar con problemas matemáticos los estudiantes presentan reacciones y estrategias diversas al resolver problemas.

Los niños de tercer grado tienen una edad aproximada entre nueve a diez años, por lo tanto, corresponde a una transición de etapas que Piaget maneja como la de las operaciones concretas a las operaciones formales, en la que el niño se caracteriza por ser reflexivo. Este autor menciona que una vez que se entra en la etapa de las operaciones formales la cual abarca de los doce años en adelante, los niños de esa edad aprenden sistemas abstractos del pensamiento que le permiten usar la lógica, el razonamiento científico y diversas habilidades para comparar razones, una vez lograda la capacidad de resolver problemas como los de seriación, clasificación y conservación, que se da en la etapa de las operaciones concretas, el niño de once a doce años comienza a formarse en un sistema coherente de lógica formal.

La resolución de problemas es un medio poderoso para desarrollar la capacidad de pensar y un logro indispensable cuando se trata de una buena educación.

Un estudiante que resuelve problemas matemáticos en forma rápida y eficiente, está preparado para aplicar esa experiencia en la resolución de problemas nuevos de la vida cotidiana con la misma eficiencia y eficacia.

Es evidente que la elaboración de estrategias personales de resolución de problemas crea en los alumnos mayor confianza en sus propias posibilidades, al permitirles controlar ese tipo de situaciones. En este sentido, para evaluar el desarrollo de esta capacidad será necesario:

- ✓ Hacer verificable la construcción de nuevos conocimientos matemáticos a través del trabajo con problemas.
- ✓ Desarrollar en los estudiantes la disposición de identificar, formular, representar, abstraer y generalizar situaciones comunes en forma de problemas matemáticos.
- ✓ Verificar la aplicación de estrategias y la adaptación de estrategias conocidas de solución de problemas a nuevas situaciones.
- ✓ Poder verificar que el estudiante controla y refleja su pensamiento matemático en todos sus actos.

Mi papel fue el de implementar diferentes situaciones para diversos alumnos, así como plantear situaciones que sean capaces de activar las habilidades de los alumnos y no limitarse a usar enunciados de problemas rutinarios que los alumnos ya son capaces de resolverlos de manera rápida y sencilla como de forma mecánica.

Por la razón de que estos problemas no representan una verdadera dificultad para ellos, podemos rescatar que para que esto suceda es importante conocer a los alumnos, la manera de cómo aprenden, como el principal principio pedagógico del Plan de Estudios 2011, "Centrar la atención en los alumnos" para poder plantear el problema según el nivel cognitivo que tengan los alumnos.

Tal como lo señala Bayer (2000):

Esencialmente, la actividad alrededor de los objetivos del curriculum de la primera etapa de la escuela básica que gira entorno a los ejercicios de rutina, los cuales no contienen verdaderas características de problemas; y en el mejor de los casos, cuando un docente considera "Un verdadero problema", el trabajo que el realiza, los más de las veces sigue mediatizado por el estilo expositivo tradicional y como consecuencias de ello, la actividad pierde su esencia (pag27)

Según Meyer (citado por Poggioli 1999) los problemas tienen los siguientes componentes: A) Las metas B) Los datos C) Las restricciones D) Los métodos.

Este autor nos divide el problema razonado en cuatro partes como ya se mencionaron, es importante agregar que las metas deben tener en claro qué son los objetivos que se deben alcanzar en las diferentes situaciones a las que se enfrenta el alumno; los datos son la información verbal que siempre es necesario para que el alumno pueda analizar, resolver la situación en la que está, recordando que pueden ser explícitos o implícitos en el enunciado de un problema; después llegan las restricciones que son como las piedras en el camino, las que limitan el camino para poder avanzar hacia nuestro objetivo; finalmente los métodos que son las operaciones y/o procedimientos que deben aplicarse para alcanzar la solución.

Las habilidades que se desarrollan en los alumnos al resolver problemas matemáticos son el resultado de la fusión de unos de los conocimientos, sin olvidar que son el modo de proceder relativamente a un determinado desarrollo matemático, que le permite al alumno buscar, utilizar conceptos, propiedades, relaciones, procedimientos, utilizar diferentes métodos de trabajo, realizar razonamientos, juicios que son necesarios para resolver problemas matemáticos.

Las habilidades matemáticas se dan a conocer; en ellas se comprende la eventualidad y la obligación de buscar y demostrar ese sistema de acciones y sus resultados, de determinar un esquema de actuación antes y durante la búsqueda y la realización de vías de solución.

De acuerdo a los Planes y Programas de Educación Primaria 2011, se espera que los alumnos desarrollen las siguientes competencias matemáticas:

✓ Resolver problemas de manera autónoma.
✓ Comunicar información matemática.
✓ Validar procedimientos y resultados.
✓ Manejar técnicas eficientemente.

Tomando en cuenta que para poder llegar a alcanzar las competencias matemáticas, se debe iniciar del desarrollo de habilidades además el manejo y ejercitación de las habilidades debe ser continuo y permanente durante todo el año escolar, independientemente de los contenidos matemáticos que se estén abordando en el programa escolar.

El razonamiento matemático calcula la habilidad para procesar, analizar y utilizar información en la solución de los planteamientos matemáticos. Esta habilidad desarrolla la observación, comprensión, análisis y otros procesos mentales que el alumno pueda desarrollar dentro de las actividades que se realizaran con el fin de ver un cambio que contribuyen no solamente en las matemáticas sino en otras asignaturas.

El cálculo mental es una habilidad en el pensamiento matemático. Que permite desarrollar en el alumno el conocimiento para generar una aproximación real sobre objetos en cuanto a tamaño, peso, etc., asimismo el manejo de información se comprende la posibilidad de expresar, representar e interpretar información matemática contenida en una situación o de un fenómeno para incorporar los conocimientos matemáticos en la solución de los problemas.

Al buscar principalmente las actividades me pregunté si un factor importante para resolver los problemas matemáticos, es primordialmente poder leer bien el problema. Por eso busqué conocer primero ¿qué es la comprensión lectora? y al indagar diversos sitios y conceptos me pude percatar que es la capacidad de captar el significado completo de un mensaje que se trasmite mediante un texto leído. La lectura, como proceso de comprensión intelectual, implica cuatro operaciones fundamentales, reconocer, organizar, elaborar y evaluar.

Reconocer, se refiere a saber el significado de las palabras que son leídas, y si se encuentra con palabras desconocidas, procurar encontrar su significado para una mejor interpretación de los textos. Organizar, es tener la capacidad de situar las palabras dentro de una frase, esa en un párrafo y éste a su vez en un capítulo, que al mismo tiempo conforma un libro, para poder enterarse del contenido total de la lectura. Elaborar, se refiere a construir significados para lo leído e ir más allá de la palabra comunicada en el texto.

Evaluar, supone juzgar críticamente el texto, lo que implica comparar las ideas del autor con las propias. El lector a su vez acepta o rechaza la información obtenida de acuerdo a los criterios que él asigna.

Una vez que se ha definido el significado de compresión lectora y las posibilidades que esta nos brinda, considero muy importante denotar cómo debe llevarse a cabo el proceso de lectura para alcanzar la comprensión de la misma. Y así formar alumnos capaces de entender lo que leen, a un lenguaje limitado, como es el caso de mis alumnos.

El proceso lector.

Smith (1983) afirma que leer consiste en procesar información presentada en un texto escrito, con el único fin de interpretarla. Para esto el divide las fuentes de información en dos:

- ✓ La visual
- ✓ No visual.

La información visual es la que se percibe por nuestros órganos receptores de imágenes, los ojos, está presente en el libro que se lee, en forma de letras, o signos, la información no visual, por el contrario es la que el lector ya posee sobre el tema de lectura, que es la que relaciona con lo leído, así a partir de la información del texto y de sus propios conocimientos el lector en este caso mis alumnos deberán construir el significado en un proceso que se divide en tres fases, la formulación de hipótesis, que es cuando el lector se propone leer un texto, y los elementos contextuales y textuales, activan sus esquemas de conocimiento, anticipando los contenidos de la lectura, la verificación de la hipótesis, es decir lo que el lector ha anticipado, se confirma con el texto, a través de los indicios gráficos.

Finalmente, la integración de la información y el control de la comprensión, en la cual, si la información es coherente a la hipótesis anticipada, el lector integra la información para seguir construyendo un significado global de la lectura a través del razonamiento.

A lo largo de mi trayecto las competencias que considero que he desarrollado son las habilidades intelectuales de expresar mis ideas con claridad, sencillez además de enfrentar diversos desafíos a partir de mis experiencias, además del dominio de los contenidos de enseñanza, como diseñar, organizar y poner en practica estrategias y actividades didácticas, conocer los propósitos y los enfoques así como competencias didácticas, y tener ya la capacidad de percepción y respeto a las condiciones de mis alumnos, del entorno de la escuela.

Seguimiento de la experiencia.

Las actividades que realicé para mi trabajo, después de explicarlas a los alumnos, se les dieron fotocopias con el fin de que no olvidaran lo aprendido, por esa razón se llevaron a cabo diversas actividades, entre ellas la resolución de problemas razonados, así como cada viernes, se les aplicaba a los alumnos un pequeño examen que consta de 5 problemas razonados, así como la actividad de cálculo mental, donde los alumnos deben de enumerar en su cuaderno del uno al diez, respectivamente se les dice a los alumnos las operaciones y ellos mentalmente deben resolverlo y poner el resultado en el número correspondiente, después de que los alumnos terminan, deben de leer al menos un párrafo, recordándoles que leer es también comprender, estas actividades fungieron gracias a una comunicación entre maestros en los Consejos Técnicos, donde se llevan los resultados para ver cómo avanzan los alumnos.

Al darle seguimiento a cada actividad con diversas acciones, como fotocopias, se les fueron desarrollando aún más las habilidades y competencias que el alumno ha adquirido a través del tiempo.

Antes del desarrollo de las actividades los alumnos efectuaron actividades normales, trabajos de diferentes asignaturas para no dejar de lado sus aprendizajes y no solamente enfocarme en matemáticas o español.

De igual manera los alumnos reforzaron lo aprendido con los desafíos del libro de matemáticas, donde los alumnos deben de utilizar todas sus habilidades, así como sus conocimientos previos para contestarlas, igualmente de trabajar en pares o equipo para asimismo mejorar sus competencias, además como los aprendizajes esperados que el alumno debe aprender durante las actividades.

En cada una, lo primero que se realizó fue controlar al grupo, ordenarlos asimismo se les dio una explicación, para que ellos tuvieran ya un conocimiento previo, de igual manera los alumnos ya tenían sus conocimientos, solo es de reforzarlos y retroalimentar lo que ya tienen, que no solamente se utilizaban los problemas razonado si no también que todo lo que aprendieron de las actividades, los alumnos lo podían utilizar en la diferentes problemas que se le presentara, gracias a esto ellos podían buscar, analizar bien el problema, para luego buscar qué operación efectuar y finalmente resolverlo con gran facilidad.

Los ejercicios que pude recuperar fueron algunas fotografías de los alumnos, así como algunas fotocopias, además pude recuperar diferentes actividades de los alumnos, desempeñaron dentro de las clases de matemáticas. Unas que otras actividades cuando realizaron los alumnos carteles de los problemas razonados, así como resolverlos, sin olvidar las listas de cotejo que me ayudaran para evaluar a los alumnos, y medir los avances que han tenido durante mi Práctica Profesional.

"El Diario" fue un ejercicio que a los alumnos les llamó mucha la atención, así como un gran interés en la mayoría de ellos, al verlo como una actividad sencilla, fácil a la vez que utilizaban diferentes competencias, habilidades para realizar la actividad, había algunos días que ellos mismo preguntaban a quien le tocará el diario o ya sabían que alumno seguía, todos con un gran entusiasmo, al principio lo ejecutaban de una manera incorrecta más se les explicó nuevamente, entonces volvieron a hacerlo mal, sería una buena idea dar unas instrucciones adecuadas para que el trabajo se desarrolle al 100%, si se desarrolla desde el principio del ciclo escolar, tendrá unos buenos resultados, tanto que mejoran en su escritura, como muestran mayor atención en la clase, para recordar lo que van a escribir.

En la actividad "¿Dónde están las palabras claves?" a los alumnos les llamó la atención la cartulinas, como al mismo tiempo un interés, podría recomendar, para mejorar sus resultados, que se incluyan algunos juegos con las palabras claves para que los alumnos lo puedan disfrutar con sus compañeros, un juego con palabras claves, al ver las cartulinas, y encontrar las palabas claves en los ejemplos asimismo como retroalimentar la actividad con diversas actividades fuera del aula, para que el alumno practique las matemáticas en un lugar diferente.

Asimismo la actividad "¿Dónde Estás?" los alumnos analizaron diversas palabras claves así también como reforzar la actividad anterior, algo que mejoraría en esta actividad es que fuera un poco más creativa para los alumnos, buscar alguna otra manera donde los alumnos utilicen el juego al mismo tiempo de aprender, al mismo tiempo paso lo mismo con la actividad "Identificando las palabras claves de un problema razonado" donde sería una buena idea involucrar un poco más a los alumnos, tanto en la resolución de problemas razonados, como en el trabajo colaborativo, se debe tener en cuenta que el alumno primero tiene que analizar, comprender el problema, para posteriormente encontrar las palabras claves.

En la actividad "Difícil o muy fácil ¿Qué te pareció el problema?" los alumnos pudieron desarrollar muy bien los conocimientos para resolver los problemas razonados que se le fueron propuestos, además de utilizar sus habilidades, podría cambiar dependiendo del grupo al que se le aplique según su nivel de comprensión, asimismo si el alumno no aprende las primeras actividades, se debe retroceder hasta que el alumno pueda utilizar esas competencias, para poder seguir con algo más complicado.

(CUARTA SEMANA)

CONCLUSIONES

Ser competente está relacionado con ser capaz de realizar tareas matemáticas, además de comprender y argumentar por qué pueden ser utilizadas algunas nociones y procesos para resolverlas, cabe mencionar que el rendimiento de un alumno que domina la resolución de problemas razonados se eleva de manera muy positiva, ésto se debe a que tanto en libros de textos gratuitos como en los exámenes, se presentan situaciones o problemas que el alumno tiene que resolver, y al contar con las competencias y habilidades tienen las herramientas necesarias para hacerlo de manera eficiente y correcta.

ACCIÓN DOCENTE

Esto es utilizar el saber matemático para resolver problemas, adaptarlo a situaciones nuevas, establecer relaciones o aprender nuevos conceptos matemáticos. Así, la competencia matemática se vincula al desarrollo de diferentes aspectos, presentes en toda la actividad matemática de manera integrada, teniendo en cuenta ésto, mis alumnos al desarrollar las actividades han desarrollado diferentes competencias, como lo indiqué en un principio que los alumnos al realizar estas actividades se esperaba que resolvieran problemas de manera autónoma, algo que fue un poco difícil, por el motivo que los alumnos estaban acostumbrados a dejar a los más inteligentes que realizaran primero los problemas y ellos solamente copiar el resultado, mas cambié la manera de calificar, tenían que tener los procedimientos que realizaron, aparte explicarme como lo hicieron con el fin de conocer si realmente lo resolvieron ellos mismos, se vio mucha diferencia al ver que los alumnos por ellos mismos trataban de llegar al resultado.

Otra competencia que los alumnos pudieron desarrollar es la de comunicar información matemática, donde al ya tener la primera competencia desarrollada en ellos, ya era posibles por ellos mismos resolver problema, por lo que al comunicar información respecto al ejercicio o actividad, para explicar frente al grupo, explicar al maestro cómo pudieron resolver el problema, se identificaba que entre ellos mismos en vez de pasarse las respuestas, les explicaban a sus compañeros cómo podría resolverlo sin darles las respuestas, sino solamente las bases, ésto influyó mucho en la comunicación entre compañeros, en algunas actividades donde ellos debían juntarse en equipos, todos opinaban cómo resolver el problema, que deberían primero realizar posteriormente, entre ellos mismos comentaban cuál sería la mejor manera de llegar al problema, en sí, no todos los alumnos pudieron desarrollarlo, tal es el caso de unos alumnos con bajo desempeño dentro del aula, traté de incluirlos con sus compañeros, así como ponerlos en equipos donde ellos serían los lideres, más me percaté de que los demás compañeros no les hacían caso por lo que les di mayor responsabilidad a los líderes de equipo, poco a poco desarrollaron su competencia de comunicación al tomar decisiones conjuntamente con sus compañeros, al pedir opinión a los demás equipos de trabajo, es ahí donde me di cuenta que ya era comunicativo, algo que no tenía al principio.

Asimismo, los alumnos puedan ya validar procedimientos y los resultados que les presente al resolver un problema, no solo hacerlo si no explicar cómo lo hizo, al principio los alumnos se sentían nerviosos cuando les preguntaba ¿Cómo lo resolviste? Por ese motivo preferí al ponerle los ejercicios ponerles las preguntas y ellos las contestaran, revisaba no solamente los ejercicios sino también las preguntas, no todos los niños al final pudieron validar procedimientos, quizás me faltó un poco más de atención en esta competencia, pienso que sería bueno profundizar un poco más en los alumnos, muchos de ellos no estaban aún en confianza de explicar y justificar los procedimientos, me faltó darles una mayor confianza entre ellos para que no hubiera miedo, traté de realizar un ambiente de aprendizaje positivo, mas no se pudo resolver, por las diferencias que hay entre los mismos alumnos.

Los alumnos hacen uso eficiente de diferentes procedimientos, así como resolver problemas en algunos casos sin ayuda de la calculadora, todo con el fin de la competencia manejar técnicas eficientemente, además los alumnos al aprender estas estrategias, primero las realizaron en diversos ejercicios donde posteriormente les resultó, los alumnos que no tenían tanto interés en las matemáticas, llegaba un punto que tendría que resolverlas por la sencillez que seria, al explicar y el alumno no entender, me acercaba, explicaba cómo lo podría resolver, lo ayudaba para que el mismo se apropiara de los conocimientos que tenía y los utilizara para su desarrollo.

Realizo bien la explicación de las clases, como el orientarlos para que ellos mismos analicen, busquen la solución necesaria, con solo buscar palabras claves ellos mismos, además que cuando los alumnos se juntan en equipos, mi papel era observar el trabajo, ofrecerles una ayuda, cuando la necesitaban y presentaba algunas preguntas que favorecían la articulación de las ideas.

Estoy contento con los resultados que obtuve a pesar de las diferentes dificultades que se presentaban, llegaban momentos que no sabía cómo reaccionar ante esas situaciones, más por la preparación a lo largo de mi trayecto formativo, pude solucionarlo de la manera correcta, asimismo al estar frente a un grupo, estar atento a todos los alumnos, dar las clases de maneras diferentes, con el motivo que pusieran su atención, buscar diferentes métodos, diferentes técnicas, actividades para que los alumnos adquirieran esos conocimientos que trataba de enseñarles, llegó un momento en un examen, que los alumnos salieron con una calificación baja grupalmente, algo que me dejó sorprendido y preocupado, pensando diferentes estrategias, actividades que me ayudaran para subir ese nivel de los alumnos, como retener esos conocimientos, que no se pierdan, sino que se apropien de ellos.

Realizando diversas lecturas lo pude realizar. Una satisfacción cuando en los Consejos Técnicos decían que mi grupo había elevado su nivel, al mismo tiempo hacer que el alumno que no trabajaba nada con el maestro titular, contigo tenga una actitud diferente, con ganas de aprender, por el motivo desde que llegué le di un poco más de importancia, así como estar siempre atrás de él. Una técnica que me favoreció mucho fue el trabajo colaborativo, al principio no todos trabajan en equipos y si lo hacían era con sus amigos, mas dejaban solos a tres alumnos, por esta razón decidí incluirlos a diferentes equipos de trabajo que rotaban constantemente según la actividad realizada; me faltó un poco de experiencia para tomar el control necesario en los alumnos y de explicar aún mejor las clases para que ellos pudieran utilizar diferentes estrategias en resolver un problema.

Existía una buena comunicación con los alumnos, algunas veces me quedaba con ellos en la hora de recreo, se dialogaba diversas cosas, de esos detalles de comunicación con ellos, me percataba de su manera de aprender de cómo a ellos les gustaría que diera un tema en específico, cómo realizar las clases más interesantes, que es lo que les aburre, había ocasiones que cuando explicaba unos problemas, varios alumnos no entendían muy bien por lo que en la hora de recreo iban conmigo, les daba ese tiempo necesario para explicarles paso por paso, hasta que aprendieran.

Me percaté que diversos alumnos no son buenos en la materia de Matemáticas, mas con diversas actividades, me percaté que le interesaba más Historia, todos nos quedamos sorprendidos, hasta el maestro titular, por hacer que el alumno diera la atención necesaria, tomando en cuenta esto, le dije que en la Historia también se utilizaba las matemáticas, por lo que debía hacer un esfuerzo y resolver los problemas, gracias a ésto el alumno participó aún más.

Todos estos detalles, creo que me hacen un docente preparado para diversas situaciones que se me enfrenten, estoy listo para seguir preparándome como un maestro y no dejar de actualizarme, porque somos como los doctores, que sale una nueva enfermedad, deben buscar nuevas soluciones, aprender nuevas cosas constantemente, es igual la profesión de docentes, por lo que me daré a la tarea de estar en constante aprendizaje, buscar nuevos métodos, si no funciona, buscar otro más hasta que pueda conseguir el aprendizaje esperado en cada alumno, no preparamos máquinas, sino seres humanos, personas que en un futuro serán el México que queremos.

13
"INTERACCIÓN ESCOLAR"

(PRIMERA SEMANA)

MARCO CONTEXTUAL

Actualmente, laboro en la Escuela Primaria Vespertina "Lauro Aguirre" cuenta con alrededor entre 350 y 400 alumnos, es una escuela de organización completa, ya que tiene el personal docente y de apoyo, lo integra la directora, doce maestros de grupo, maestras de apoyo del equipo USAER, tres profesores para la asignatura de inglés, un profesor de educación física quien asiste solo un día a la semana y una persona encargada para el mantenimiento y aseo de la escuela, además de contar con el apoyo de una psicóloga que asiste cada miércoles así como un maestro de lenguaje. Cuenta con 12 aulas de clases, un aula de apoyo USAER, dirección, sanitarios, explanada, cooperativa y áreas verdes.

La escuela cuenta con servicios públicos como agua, drenaje, luz, teléfono, e internet para la realización de las actividades administrativas como capturar calificaciones en el sistema, inscribir a alumnos, solicitar traslados, etc.

La dinámica escolar interna consiste en varias actividades realizadas por el diferente personal docente, los profesores tienen algunas comisiones como guardias escolares de una semana en donde se deberá de realizar los honores a la bandera correspondientes de cada lunes, estar al pendiente de los timbres de entrada, salida y recreo, vigilar que durante estos 30 min. de descanso no ocurran accidentes y que la escuela permanezca limpia. Así mismo, se otorga a cada profesor una asamblea cívica la cual deberá presentarla junto con su grupo a cargo con la participación especial de varios o bien todo el grupo.

Otra de las comisiones es el estar encargado de una de las rutas escolares, consiste en organizar a los alumnos por rutas clasificadas por colonias y tener la responsabilidad de acompañarlos hasta su transporte escolar y vigilar que cada uno de los alumnos esté dentro para que posteriormente pueda partir a realizar la ruta correspondiente.

El clima escolar es bueno, pero requiere mejorar para poder transmitirle a nuestros alumnos valores como el compañerismo, la responsabilidad y el trabajo en equipo. Como menciona en el Plan de Estudios 2011 que "se denomina ambiente de aprendizaje al espacio donde se desarrolla la comunicación y las interacciones que posibilitan el aprendizaje", es necesario tener mejor comunicación entre el personal docente con la finalidad de compartir experiencias, nuevas estrategias o métodos para lograr un buen trabajo y sobre todo una buena educación.

La infraestructura de la institución, es adecuada, pero cabe mencionar que en su mayoría las aulas escolares requieren de mejoras para su buen desempeño, además se encuentra delimitada por bardas y protegida con portones y rejas de forja.

Mi nombre es Nohemí. El grupo con el que trabajo, es de segundo grado, es un grupo con 32 alumnos inscritos, durante el último mes se han integrado 3 alumnos. En general es un grupo numeroso, integrado por 11 niñas y 21 niños de entre 7 y 9 años, una alumna extra edad al tener 10 años, ya que por problemas familiares no lograba concluir el segundo grado.

Los alumnos son <u>inquietos y desordenados</u>, ya que durante la mayoría del tiempo de la clase suelen platicar, jugar o simplemente pararse de su banco e ir con algún otro compañero de otra fila. Además de esto, algunos de ellos <u>se distraen fácilmente</u>, al realizar otras actividades que no son parte de la clase como colorear, dibujar, jugar con los lápices, imitar voces, etc. Un problema frecuente, dentro del aula de clases, es el desorden que generan los alumnos, pues en ocasiones se ríen por cualquier cosa, siempre están <u>pendientes de lo que sucede con sus compañeros e involucrarse en rumores</u>.

Sin embargo, algo que sucede todos los días de clases, es que los alumnos suelen tener <u>pequeños conflictos</u>, donde es más recurrente <u>con las niñas</u>, como son pocas, están organizadas por grupitos, en donde constantemente son conflictos por burlarse unas de otras, decir cosas para molestarse e inclusive por miradas y roces al pasar por las filas.

Día a día, se ven envueltas en "dimes y diretes" lo que genera una pausa dentro de la clase, para atender cada una de las problemáticas.

A pesar de todo esto, son niños buenos, sin malicia o maldad, nobles y amorosos, ya que se preocupan por sus compañeros, muestran interés por ayudar a otro cuando lo necesite y lograr el valor de la empatía al comprender la situación.

Dentro del grupo existe un par de reglas propuestas por algunos de los alumnos al iniciar el ciclo escolar. Son alumnos que presentan fuertes problemas con la lectoescritura, ya que solo algunos 12 alumnos pueden leer correctamente. Además de esto, son alumnos inquietos que no tienen muy buena disciplina, ya que constantemente platican y optan por querer hacer otras cosas como jugar, en lugar de trabajar o realizar sus trabajos y ejercicios.

Para controlar este tipo de conductas y mejorarlas, se está manejando con los alumnos el aplicarles reportes en caso de incidentes o problemas mayores, así como un formato semanal con aquellos alumnos que presentan una mayor indisciplina, evaluando cada día su conducta y comportamiento, cumplimiento de tareas y participación o realizar trabajos en clase.

La infraestructura del aula de clases no es la adecuada, ya que presenta problemas de humedad en las paredes y techo, además de ésto durante temporadas de lluvia suele fallar el sistema eléctrico al no tener luz. El aula cuenta con el mobiliario suficiente bancos, pizarrón, escritorio, armario, aire acondicionado y material didáctico visual para el apoyo del aprendizaje de los alumnos.

DELIMITACIÓN DEL TEMA

En el salón de clases, los alumnos siempre están al pendiente de lo que está haciendo el compañero de al lado y dejan su trabajo sin terminar. Les importa mucho si algunos de ellos está platicando con alguien más, si está comiendo algún dulce, si esta distraído, etc. lo que provoca pequeños conflictos y un gran desorden en el salón, todo con tal de decirle a la maestra, quién está cumpliendo con sus responsabilidades y quién no.

Los alumnos no logran entender, que no deben preocuparse tanto por lo que esté haciendo su compañero, les he mencionado en repetidas ocasiones que primero deben verificar si ellos están cumpliendo tal y como se debe, ya que en varias ocasiones ni ellos mismos hacen lo que quieren que el compañero haga, poner atención y trabajar.

Existe un caso en particular, el cual es de mi interés, Luis Ángel es un alumno que asiste regularmente, durante los últimos meses ha demostrado un cambio en su actitud y comportamiento, al mostrarse serio, enojado, molesto, desobediente, etc. Luis es de esos alumnos, en el que la mayor parte del día escolar se la pasa checando a sus compañeros con la finalidad de decirme para que los regañe, una vez que <u>acusa a alguien</u>, se origina un debate con los alumnos al mencionarles que se deben preocupar por cumplir principalmente con su trabajo, y ya posteriormente ayudarme a vigilar que se esté trabajando.

Como se mencionó anteriormente, este caso también se presenta en las alumnas, en donde el problema repercute más debido a que como son pocas niñas existe un poco rivalidad, y esto hace que quieran que se les llame la atención a unas o a otras por el hecho de no estar haciendo lo correspondiente a la clase.

PREGUNTAS DE INVESTIGACIÓN

- ¿Por qué los alumnos siempre están al pendiente de la vida de sus otros compañeros?

Para poder involucrarme y mantener una relación maestro-alumno estable, acudí por tener conversaciones grupales con los alumnos, con la finalidad de interactuar con ellos para que mediante esta manera ellos sintieran la confianza de poder conversar libremente y así expresaran su interés por preocuparse sobre las actividades que estén realizando algunos de sus otros y compañeros, dejando a un lado su responsabilidad dentro del aula escolar.

- ¿Por qué Luis Ángel tiende a acusar a sus compañeros?

En mi preocupación por la situación de Luis, al mostrar una actitud de molestia y enojo, decidí tener una charla con la madre de familia para de esta manera poder obtener información sobre el comportamiento que presenta Luis con sus compañeros, planteando preguntas acerca de cómo es en su casa, con sus familiares y con algunos vecinos.

- ¿Por qué las niñas constantemente tienen conflictos?

Planeo llevar a cabo juegos y dinámicas en las que me permitan observar y detectar las formas de socialización de las alumnas, y así mismo del grupo en general, con la finalidad de comprobar si ésto es afectado por la división de grupitos dentro del aula de clases. Además de ésto, se ve la posibilidad de emplear un sociograma para visualizar los vínculos entre los alumnos.

- ¿Por qué los alumnos dejan a un lado su trabajo para venir a acusar a alguien?

Se requiere generar un ambiente de aprendizaje en el cual favorezca la convivencia sana y pacífica implementando actividades, dinámicas y estrategias para lograr este objetivo, considero que a partir de esto mejorará la relación entre los alumnos y se propiciará un clima escolar más favorable. Además de lo anterior, es necesario fomentar en los alumnos la responsabilidad que tienen dentro del aula, cumplir con los trabajos en clase, participar, inclusive ayudar a sus compañeros en vez de tratar de acusarlos, solo por la idea de molestarlos y crear un conflicto.

(SEGUNDA SEMANA)

TRABAJO DE CAMPO

En base a esta problemática, durante la presente semana implementé un juego con los alumnos, en el cual medía su tolerancia hacia sus compañeros mediante una pequeña serie de preguntas que ellos debían ir contestando acorde a diferentes situaciones de su vida cotidiana, que inclusive pudieran estar presentándose también en el salón de clases.

A continuación, se ejemplifican las respuestas de dos alumnos, de los cuales los dos suelen tener la actitud mencionada anteriormente. Jaziel, ante el cuestionario ¿Eres tú tolerante? dio como resultado que es una persona no muy tolerante, y la alumna Yomara, en donde también se demuestra que es una alumna poco tolerante.

Otra de las actividades que se realizó fue inventar el final de un cuento, el cual hacía referencia a la resolución de conflictos. Se les narró un pequeño cuento en el cual se ponían a prueba los conocimientos de los alumnos en base al manejo y solución de conflictos, para ello se debe omitir el final y dejarlo a la imaginación y creatividad de los alumnos, que elaboran un final alternativo en el cual tomen en cuenta aspectos como el diálogo, la negociación o la mediación.

Los instrumentos que implementé, me permitieron registrar información relevante sobre todos los avances que obtuvieron los alumnos y el grupo en general, como la bitácora, cuestionarios tomados de programas orientados a la convivencia escolar y sobre todo el principal instrumento y de mayor aportación fue la observación directa.

La entrevista con la madre de familia, mamá de Luis Ángel, me permitió entender el por qué de su mala actitud hacia sus compañeros, pues él presentaba el mismo comportamiento que su padrastro al regañarlo constantemente y sobrecargarle responsabilidades que no le correspondían.

(TERCERA SEMANA)

REVISIÓN TEÓRICA

De acuerdo a la investigación que comencé por realizar en el aula de 2°A donde estoy como docente frente a grupo, en el cual encontré como problemática que los alumnos de este grupo empiezan por crear pequeños conflictos por centrar su atención en la de otros compañeros al dejarse envolver en comentarios, burlas o situaciones absurdas que para ellos son graves, así mismo dejan sus responsabilidades dentro del aula para ir a acusar a sus compañeros y así perjudicarlos y "salirse con la suya".

Referente a este tema fui recabando información, haciendo primeramente una búsqueda en internet, una gran herramienta de búsqueda, en la cual encontré un artículo denominado El chisme y las representaciones sociales de género y sexualidad. Un estudio entre estudiantes adolescentes de la Universidad Autónoma Chapingo, México por María Eugenia Chávez Arellano, Verónica Vázquez García, Aurelia de la Rosa Regalado publicado en Diciembre del 2006 por la Revista Gazeta de Antropología, de la cual pude rescatar la siguiente información muy acorde al tema de investigación.

"El chisme permite identificar una acción que, de acuerdo con Weber (1971), muestra una serie de regularidades visibles que responden a un cierto orden hegemónico que le autoriza sancionar las conductas que sobrepasan lo establecido, pero que también genera, en relación con ese mismo orden, conflictos y respuestas diversas. De manera general, las evidencias <u>sobre el chisme indican que pese a que esta actividad se define como una cuestión tonta, disparatada u ociosa, siempre juega un papel importante en la interacción de los miembros de los grupos, ya sea como parámetro de</u>

comportamiento o como iniciador de conflictos o rupturas al interior de los grupos sociales involucrados.

Estas regularidades visibles, se objetivan en la percepción que la gente tiene acerca del sentido y significado del chisme. En el caso de los estudiantes que conformaron nuestro universo de estudio, resultó interesante que prevalece en ellos la idea de que el chisme es una conducta dañina que debe ser corregida debido a los efectos negativos que puede traer; pero al mismo tiempo, como lo señala Goldsmith (1898), se le considera una actividad inocua e incluso positiva en la medida que puede contribuir con el manejo de conflictos y que surge, como parte de la convivencia y la ociosidad en el espacio escolar. Esto permite ver que en su definición y en su práctica está presente una ambigüedad que finalmente coloca al chime como una práctica cotidiana de función comunicativa muy importante".

La autora Ma Angeles Hernández Prados, comenta en su artículo Los conflictos en la escuela, "en definitiva, la convivencia en las escuelas no es todo lo deseable que se quisiera y así lo ponen de manifiesto los datos derivados de las investigaciones sobre violencia escolar (Cerezo, 1997; Ortega,1994, Defensor del Pueblo, 1999; etc.). Realmente la escuela no es un lugar de encuentro donde se acoge, acepta y respeta al otro (al diferente), por el contrario, es un espacio delimitado por un muro en el que el alumno debe permanecer ocho horas diarias y en el que el profesor debe velar por el mantenimiento del orden y garantizar un modelo de enseñanza adecuado a los alumnos. Todo esto unido al abandono de los padres de sus obligaciones educativas con los hijos, la desmotivación de los alumnos y la excesiva burocratización de los centros escolares, están contribuyendo al deterioro de la convivencia en los centros, donde los insultos, las amenazas, las peleas, el rechazo, la marginación, etc. se están convirtiendo en algo habitual y común".

Otro aporte que me resultó interesante fue el artículo El conflicto en las instituciones escolares publicado por Eduardo Pérez Archundia y David Gutiérrez-Méndez, en el cual señalan la siguiente información.

"La concepción tradicional del conflicto, lo califica como una confrontación bélica, algo negativo, no deseable, sinónimo de violencia, riña, pelea, discusión, a nivel popular hay todo un vocabulario que se ha desarrollado para hablar del fenómeno de conflictividad humana y, en consecuencia, como una situación que hay que corregir, y, sobre todo, evitar."

"...las escuelas son consideradas como «campos de lucha, divididas por conflictos en curso o potenciales entre sus miembros, pobremente coordinadas e ideológicamente diversas» (Ball, 1989, p. 35). La escuela, como institución, ni es «aconflictiva» ni se limita a reproducir la ideología dominante, aunque lo haga -teorías de la reproducción-, sino que produce simultáneamente «conflictos culturales, políticos y económicos muy reales en el interior y en el exterior del sistema educativo»"

(CUARTA SEMANA)

CONCLUSIONES

El trabajo de campo es un espacio destinado para la reflexión, análisis, intervención de la docencia, en el cual se articulan conocimientos disciplinarios, didácticos, científicos y tecnológicos. Además, es el conjunto de acciones, estrategias e intenciones que se ponen en juego para intervenir y transformar alguna problemática.

Al terminar esta investigación, puedo decir que dentro del grupo de 2°A los alumnos presentan diferentes actitudes y comportamientos originados en sus familias, los cuales los orillan a actuar de diferentes maneras en distintas ocasiones, ocasionando pequeños conflictos que se presentan diariamente en el aula de clases. Cabe mencionar que son alumnos buenos y de sentimientos nobles, pero al entrar en conflicto es cuando cambia su comportamiento al preocuparse y centrar su atención en lo que sus otros compañeros están realizando, tomando una actitud de querer ir a acusar para perjudicarlos.

Sin duda alguna mi principal propósito en este grupo fue el de mejorar la convivencia escolar, ya que es una condición necesaria para contribuir a mejorar la calidad educativa desde una perspectiva integral, ya que ésta se construye desde cada actividad que tiene lugar en la escuela, incluyendo las enseñanzas de contenidos y temas relacionados con las asignaturas.

Una de las inquietudes, que también me orientó a realizar dicho proceso de investigación sobre esta problemática, fue que dentro del aula no hubiera relaciones afectivas estables entre los mismos alumnos, así como un ambiente favorable en el cual tuvieran la oportunidad de estar en armonía, efectuar esos procesos de comunicación, sentimientos, valores y actitudes.

ACCIÓN DOCENTE

Llevar a cabo esta investigación, me permitió estar más consciente de la responsabilidad que implica la profesión y la complejidad que conlleva, también he podido darme cuenta de mis carencias y dificultades, y en contraparte, de mis aciertos, para buscar medidas que me permitan progresar y conformar los rasgos deseables del nuevo maestro para definir el perfil docente que la sociedad actual requiere y sobre todo que las nuevas generaciones necesitan.

14
"EL TALENTO"

(PRIMERA SEMANA)

RELATO GENERAL (Marco contextual)

La escuela primaria donde trabajo se encuentra en el municipio de Altamira, en la colonia San Jacinto, su nombre es Miguel Hidalgo y Costilla, de turno vespertino. Esta escuela es comúnmente <u>catalogada como transitoria</u>, aquella que recibe a alumnos de paso y a los que no pudieron ingresar a otro plantel.

Por lo tanto es importante mencionar que los estudiantes no solo provienen del contexto cercano, sino que también son de colonias más alejadas. Sobre este contexto, de manera general se puede decir que es perteneciente a un nivel socioeconómico bajo a muy bajo, las casas donde habitan son de interés social, en zonas habitacionales con departamentos, los trabajos son temporales o de obreros, también hay algunos padres que se dedican al comercio.

<u>La comunidad escolar ha demostrado ser bastante apática</u> en la cuestión educativa y cultural, muestran <u>poco interés por la educación de sus hijos</u> en su mayoría, además de que no cumplen con los requisitos solicitados y no brindan su apoyo, así como también da la sensación de que no valoran el trabajo ni el esfuerzo de los docentes y directivos de la escuela, porque no responden ante dicha labor.

La población parece estar dividida entre aquellos que consideran la educación como importante y una oportunidad para un mejor futuro, y entre los que ven la educación primaria como un elemento secundario, el cual se deja de lado si se tiene algún otro compromiso o si el alumno no tiene el interés en ir.

Sobre la institución y en cuanto a la infraestructura, se cuenta con una escuela de 10 salones en uso, con una dirección en donde se <u>encuentra la biblioteca, a la cual no se ha logrado dar el uso adecuado para que cumpla con su función, más pareciera un recurso olvidado.</u>

Se tienen una explanada sin techo, y al ser un grupo vespertino, a veces el sol sí afecta bastante las actividades académicas y también la diversión de los alumnos, se prefiere estar en los salones que salir, además de que nuestra <u>escuela no cuenta con jardines ni aéreas verdes, lo cual, creo, la hace ver bastante triste y árida.</u> Una escuela debe tener esa belleza a los ojos que invita a entrar y quedarse ahí para alimentar el espíritu y la curiosidad. <u>Pero no, la escuela no genera curiosidad al verla, tampoco motivación, más bien parece una simple, tediosa y aburrida escuela.</u>

La infraestructura es buena, se tienen los materiales indispensables para trabajar, se cuenta con un proyector el cual se puede turnar entre los grupos, las aulas están equipadas con un estante para libros, con gaveta para el maestro, los bancos necesarios y su pizarrón. Con ganas de trabajar se pueden lograr muchas cosas, por supuesto también buscando la innovación y la mejora.

<u>La institución como sistema de organización está en proceso de acomodo,</u> la mitad de las docentes del ciclo fueron incorporadas al inicio de éste, junto con su director,

lo que marca que se está en un proceso de integración e interacción, conociendo poco a poco como funciona el contexto y la escuela, tomando acuerdos para solucionar problemas e impulsar la mejora en situaciones. Por supuesto también ha habido dificultades, al tomar la escuela un nuevo rumbo al acostumbrado, pero con esfuerzo se han podido sortear dichas situaciones.

Me llamo Karina. Mi grupo es 5° "B", compuesto por 35 alumnos actualmente, los cuales oscilan entre las edades de 10 a 13 años. A lo largo del ciclo ha habido tres bajas y dos niños nuevos. Mis alumnos son catalogados por las maestras como indisciplinados y traviesos. Yo no intento cubrir eso, sí tienen un problema de indisciplina, pareciera que a la escuela quieren ir a todo, menos a aprender, bueno a excepción de algunas alumnas que son bastante dedicadas.

Estos chicos tienen mucha energía, son muy inquietos, quieren siempre estar parados y hablando, las ideas de algunos están a flor de piel y las de otros pareciera que no quieren que nadie las sepa. Por la edad y sus costumbres suelen en ocasiones atacarse entre sí, con palabras altisonantes y con golpes, pero al hablar con ellos al respecto, siempre terminan sintiéndose mal y prometen por ellos mismos querer portarse mejor, y así durante un tiempo hasta que vuelven a incidir.

Aun así, cuando logro captar su atención, cuando las actividades se vuelven más suyas que mías, esos alumnos recobran vida, sus ideas, sus propuestas, también sus impulsos, todo parece juntarse y volverse un salón de pequeños genios expertos en diferentes cosas.

Así precisamente son mis alumnos, bastante malos para algunas cosas, pero tienen algo que les interesa, algo en lo que son buenos, tienen un talento, quizá no tan relacionado con lo académico, pero ese talento les hace especiales, capaces, solo siento que a veces necesitan un poco de motivación, el creerse capaces de hacer las cosas. En efecto, mis alumnos eran un grupo de niños que no tenían metas, ni sueños, no pensaban en un futuro, tampoco en ser mejores en el presente, simplemente no eran reflexivos sobre su propia vida.

Poco a poco, después de pláticas, experiencias, consejos, etcétera, comienzo a escuchar que ellos dicen querer lograr algo, comienzo a ver que se sienten capaces de lograr las cosas, que en su mayoría le comienzan a dar validez a sus ideas y a proponer soluciones a las situaciones.

Las actividades de aprendizaje que he aplicado son bastante variadas, siempre buscando dar respuesta a sus necesidades, así como sus intereses. Algunas han dado buenos resultados, otras no. Cuando no funcionan debo cambiarlas, buscar una variante.

Realmente es un reto trabajar con este grupo, sus niveles de conocimiento son muy variados, van desde los correspondientes a 1º grado, con dos niños que no saben leer y escribir, ni sumar y restar, hasta 3º con los que tienen nociones de operaciones básicas pero que no dominan bien cuando deben utilizarlas. Al principio parecía que ningún alumno estaba en el nivel de 5º grado, sus conocimientos eran bastante dispersos, ignorando cosas básicas como los verbos y las oraciones, o la ubicación espacial inexistente, así como las divisiones territoriales. En cuanto a matemáticas, no lograban resolver un razonado, ni hacer divisiones de dos cifras como divisor, entre muchos aspectos más.

Se procedió a aumentar la carga de trabajo, con bastantes actividades y tareas, por supuesto a su ritmo y nivel de conocimientos, lo cual dio resultado solo en algunos niños, ya que en su mayoría no hacen tareas, no cumplen con los materiales, los padres no apoyan al pedirles ayuda.

Ha sido bastante tedioso enseñar a todo el grupo a dividir, semanas seguidas practicarlo, encargar que lo reafirmen en casa y no obtener ninguna respuesta, esos alumnos después de un mes, vuelven a decir que no saben dividir. Se habla con sus papás se les involucra en las actividades, pero sinceramente solo responden aquellos cuyos hijos también son responsables y dedicados.

Esto refleja claramente el porqué los alumnos son así en la escuela, la importancia que le dan al aprender, el respeto que tienen por el trabajo de los demás, los niños siguen el claro ejemplo de sus padres. Se ha procedido a dejar menos tarea, una por día, lo cual ha logrado que un poco más de niños cumplan con ella.

Bajo mi estilo de trabajo, solemos dedicar en el aula un mayor tiempo a actividades en equipos, a proyectos y propuestas que de alguna manera se relacionen con el contexto escolar. También debo mencionar que en ocasiones considero que hace falta que emplee más material y recursos didácticos que llamen la atención de mis alumnos, así como actividades que sean significativas para ellos.

En las opiniones de mis propios alumnos "soy la mejor maestra del mundo, la única que les ha enseñado mucho", por la opinión de algunos padres se sabe que los niños si están aprendiendo a comparación de cómo estaban antes, de otros padres simplemente no se obtiene ni apoyo ni opiniones. Los maestros dicen que soy una maestra bastante dedicada por ser mi primer año como docente, pero que debo "llevarla con calma", el director de la escuela dice que "hacemos buen trabajo, que no nos rindamos, que con uno que logre avanzar, podemos darnos por bien servidos".

En mi propia opinión, puedo decir que me he esforzado, que sí he intentado, pero que aún así me falta hacer más, quizá dedicarme y buscar nuevas estrategias, tener un estilo de trabajo definido y mejorar la situación de indisciplina de mi grupo, me he ganado su cariño, su admiración e incluso respeto, pero hace falta que ellos aprendan a reflexionar y actuar, a saber cómo comportarse y respetar a los demás, así como a ellos mismos.

Las dificultades con las que me he topado son bastantes, ya mencioné algunas, el nivel de conocimiento de los alumnos, la falta de apoyo por parte de los padres de familia, la apatía de la comunidad educativa, el aspecto sombrío de mi escuela. Pero otro aspecto que me ha afectado también es la poca experiencia, ya que como docente hay tantas cosas que hacer, tantos documentos que llenar, tantos aspectos a los que hay que responder, que sinceramente hasta que no van y me los piden es que me entero que existen. Por lo tanto la carga de trabajo se acumula, ya que no puedo preparar todo con tiempo por no saber que tenía que hacerlo.

El horario de clases lo elaboré de acuerdo con lo que se establece para cada materia por semana, sin embargo siempre termino dándole más énfasis a materias como matemáticas y español. El grupo tiene diferentes materias favoritas, por lo que no predomina una en específico.

En este ciclo escolar identifiqué muchos aspectos del ser docente que desconocía, pude darme cuenta del gran reto que enfrenta cada docente, por lo que cada detalle que pueda analizar, cada reflexión que pueda llevar a cabo, es útil para mejorar el proceso de enseñanza-aprendizaje de mis alumnos. La calidad de la educación que ellos reciban depende en gran manera de la creatividad, innovación y determinación del docente. Este es el primer año, y queda claro la necesidad de seguirme preparando.

TEMA:

"Tienen algo que les interesa, algo en lo que son buenos, tienen un talento"

TÍTULO

"TODOS LOS ALUMNOS TIENEN UN TALENTO"

RELATO ESPECÍFICO (DELIMITACIÓN DEL TEMA)

En mi grupo, esos 35 alumnos actuales parecen ser un desastre, con demasiadas inquietudes para atenderlas todas en un solo día, con dudas por doquier, y también con aquellos niños que parecen no estar en el aula, parece no interesarles nada, simplemente querer salir de clase.

Así transcurren los días en el salón, pero por momentos, esos niños revelan sus pasiones, sus intereses, sus gustos y también sus habilidades. No es cosa fácil identificarlas, como maestro debes querer ver más allá de un alumno, debes querer ver al niño que habita en ese cuerpo, ese niño con sueños y temores.

Como es de suponerse, la mayoría de mis alumnos, por su edad probablemente, tienen una fascinación por dibujar. Cuando pongo actividades que deben plasmarlas por medio de ilustraciones, todos, sin excepción alguna lo hacen, claro hay dos o tres que siempre alegan no saber hacerlo, pero aun así lo intentan.

Si se trata de <u>dibujar ellos están dispuestos, es como</u> <u>un premio, es como si les hablara de jugar.</u> Pero debo especificar que hay alrededor de 6 alumnos en el grupo que no solo les gusta el dibujo, sino que verdaderamente tienen la habilidad para hacerlo, llegan a sorprender a sus compañeros y a mí con los trabajos que realizan.

Dejando de lado el dibujo, tengo alumnos que <u>son muy</u> <u>buenos redactando,</u> estos claro son un grupo menos numeroso, algunos 3 aproximadamente que logran explayar su imaginación con una hoja de papel y un lápiz. Increíbles historias nos han llegado a contar.

También en el grupo hay cantantes, que todo el tiempo quieren escuchar música y cantar, es sorprendente <u>que</u> <u>la memoria les funcione tan bien para eso y no para otras</u> <u>cosas.</u> Hay otros niños que son más bien <u>matemáticos</u> <u>puros,</u> usan la lógica de manera excelente, <u>pero sus</u> <u>cuadernos, tareas y letra son incomprensibles.</u>

Mi grupo es vivo, muchos son <u>serviciales</u>, quieren ayudar en todo momento, algunos tienden más a <u>buscar inventos,</u> <u>otros prefieren la expresión corporal,</u> pero también tengo a aquellos niños que pasan desapercibidos en el salón, pero he logrado saber que esos dos o tres callados, que no dicen nada a menos que se les pregunte, tienen un gran <u>gusto</u> <u>por la tecnología, en especifico por videojuegos y videos,</u> claro eso no parece tanto un talento, pero por algún lugar se puede encontrar que es lo que mueve a esos niños, además de, tal vez, poder saber porque son tan <u>inexpresivos</u> <u>y tienen tan poco interés en la escuela.</u>

Cualquiera que entra al aula, no dirá inmediatamente que tengo un grupo de prodigios y talentos, en realidad hay que verlos más a detalle y hay que darle más valor a lo que dicen y hacen. Algunos parecieran simplemente ir a estar sentados, pero ellos también un talento deben tener. Es preciso también establecer que en ocasiones de los alumnos más inquietos es donde más me logran sorprender sus habilidades.

Pero es necesario reconocer que cuando los alumnos hacen y explotan sus habilidades en el aula, es cuando se les da libertad, cuando no los tengo obligados a realizar una actividad en pleno silencio. Los momentos en los que veo sus intereses y virtudes son precisamente cuando pareciera no hacer nada bueno, solo hablar, pararse, andar de un lado a otro con plena libertad.

Cuando hay proyectos y ellos son los dueños del tiempo y de los materiales, es cuando solos demuestran para que están hechos, si son líderes o seguidores, si idean soluciones o si son mejores para hacer la presentación, por ejemplo un alumno llamado Leo, el presenta sus buenas ideas para un cartel, pero le fue imposible escribir algo en él.

También esta Vielka, quien se estresa al tener que dirigir a otros y prefiere quitarlos del equipo, pero en verdad es rápida y eficaz para hacer tareas de manera individual, de ella en verdad se puede esperar que haga las cosas bien y presentables.

En pocas palabras mis alumnos son buenos para algunas cosas y no tan buenos para otras, el detalle es que la mayoría solo se siente vivo y animado cuando pueden actuar con libertad, pero esa libertad no va ligada a todos las actividades que se ponen en el aula, y cuando se les limita es cuando simplemente no responden, por lo que se les conoce, con ayuda de otras maestras, como "niños rebeldes, indisciplinados, flojos, etc."

PREGUNTAS DE INVESTIGACIÓN

1. ¿Por qué algunos alumnos no muestran interés en clase?
2. ¿Aprenden cuando dibujan?
3. ¿Los talentos de los niños pueden impulsar un mejor aprendizaje?
4. ¿Cuál es el talento de los niños inexpresivos y poco participativos?
5. ¿Por qué demuestran sus habilidades cuando se sienten libres?
6. ¿Los proyectos les permiten desarrollar sus habilidades y talentos?
7. ¿Cómo hacer que los alumnos se sientan valiosos?
8. ¿Por qué se rechaza al que trabaja diferente o batalla para hacerlo?

(SEGUNDA SEMANA)

RESPUESTAS A LAS PREGUNTAS DE INVESTIGACIÓN

MÉTODO, TÉCNICAS E INSTRUMENTOS.

Para dar respuesta a las preguntas de investigación, se optó por elegir el método de investigación mixto, debido a que éste permite combinar algunas técnicas cualitativas y cuantitativas. Sin embargo es necesario mencionar que la mayoría de la información que se pretende recopilar es subjetiva porque proviene del sentir y pensar de los alumnos.

Aun así se pretende llevar a cabo una encuesta por medio de la cual determinar algunas de las formas preferidas de trabajar de los alumnos, con la cual se propone realizar una tabla o gráfica para comparar los datos.

Una vez establecido el enfoque, se procedió a elegir las técnicas a emplear, como ya se mencionó anteriormente una de ellas es la entrevista, la cual se plantea de forma estructurada con preguntas cerradas, tipo encuesta, y las demás son entrevistas con un guión como instrumentos pero buscando llegar a profundidad, por lo que no se limita al entrevistado. Los instrumentos para esta técnica son los guiones de entrevista para dirigir el proceso.

También se emplea la observación, siendo ésta la fuente de información más completa para este tipo de investigación, para la observación en un primer término se optó por hacerla no estructurada y con participación natural, ya que se forma parte del contexto. Se emplea un tipo diario de campo para registrar aquellos datos significativos de la jornada escolar. Posteriormente se pretende usar un guion de observación más específico, dependiendo de la información que se requiera recabar. Además se ha tomado como fuente de información inicial las conversaciones establecidas con los directivos de la escuela, las maestras de grupo y los alumnos.

Es necesario puntualizar que las preguntas de observación planteadas en un inicio fueron veinte, las cuales van en torno a la temática pero no la definen, por lo que al estar revisando de nuevo el trabajo realizado, la información obtenida, se optó por reformular esas preguntas y se obtuvieron tres cuestionamientos que al final deberán ser respondidos como resultado de esta investigación. Esas preguntas son:

¿Los alumnos valoran y conocen su propio talento?

¿Qué piensan los alumnos de sí mismos y de sus habilidades?

¿Cómo se puede impulsar a que los alumnos desarrollen su talento?

Esto no quiere decir que las preguntas de un inicio quedan descartadas, de hecho se pretende responder estas primero para, posteriormente de manera reflexiva responder a las otras tres.

A continuación, se procederá a dar respuesta a las siguientes preguntas, de acuerdo con la información obtenida con los instrumentos utilizados:

• *¿Por qué algunos alumnos no muestran interés en clase?*

Se observó que hay alumnos que en la clase no quieren trabajar, y a estos se les aplicó una breve entrevista. Se pudo notar que los alumnos no ven con mucha importancia a la escuela, ni estudiar, al preguntarles que querían ser de grandes respondieron "Y la verdad no sé, quiero ser inventor, No se maestra, No sé todavía" y "No sé que quiero ser de grande. No se me ocurre nada".

También manifestaron aburrirse cuando las cosas costaban trabajo, por lo que preferían hacer lo que fuera más fácil, además de dar a entender que les da igual o incluso prefieren no trabajar en equipo. Estos alumnos de acuerdo también con lo observado, son pocas las ocasiones en las que se ha logrado llamar verdaderamente su atención, incluso cuando se trata de juegos, ya que prefieren estar en el celular. No les interesa la escuela ni lo que en ella suceda, además de que no se les ha motivado para promover ese interés.

• *¿Aprenden cuando dibujan?*

En efecto, si el dibujo está relacionado directamente con algún concepto o aprendizaje que el alumno debe adquirir, éste le ayuda a que permanezca más tiempo en su mente y a visualizarlo, ya que muchas veces no comprenden las palabras. Esto se puede comprobar porque los alumnos siempre prefieren dibujar cuando se trata de analizar textos, en lugar de escribir. Después cuando se procede a preguntarles la mayoría trata de relacionar el dibujo con lo que se dijo y esto hace que venga con mayor facilidad a su mente. Además si el dibujo implicó trabajo para ellos en diseñarlo, en hacerlo y pintarlo para representar algo, con mayor razón permanece en su memoria.

Además también la encuesta reflejó que de 27 alumnos, 10 establecen que las mejores actividades para ellos son las que implican dibujar, y 5 que preferían hacer carteles, los cuales también van de la mano con el dibujo. También al preguntarles específicamente en que eran buenos 10 alumnos puntualizaron que el dibujo era una de sus habilidades y otros cuantos que era una de las cosas que querían aprender.

- *¿Los talentos de los niños pueden impulsar un mejor aprendizaje?*

Los alumnos muchas veces se motivan entre sí, y en especial se felicitan por aquellas cosas que hacen de manera extraordinaria, de manera especial y diferente. En ocasiones ellos mismos llevan al otro alumno a aprender algo. Y por supuesto cuando se trata de hacer cosas que les gustan, que saben hacerlas bien, no ponen ningún pero, incluso se emocionan o piden hacerlo más frecuentemente.

- *¿Cuál es el talento de los niños inexpresivos y poco participativos?*

Esta pregunta se responde un poco con la primera, porque resulta que los niños que casi no se expresan y participan, son los que muestran mayor desinterés por la escuela y las actividades académicas. Lo que da a conocer que no tienen ellos mismos bien definido en que son buenos, es mas, pareciera que ellos en lo absoluto se creen buenos para algo.

En sus respuestas incluso muestran cierto temor por hacer las cosas, al decir que no quieren intentar lo que es difícil, que además no saben bien que es lo que les gusta, ni si son buenos en alguna materia. Estos alumnos no creen que tengan un talento, no lo conocen y no consideran que lo tengan. Cuando ellos dicen "no sé hacer nada", están reflejando la poca autoestima que se tienen y el poco valor que se dan.

Por medio de la encuesta realizada, al preguntar directamente a los alumnos sobre lo que les gusta hacer y en lo que son buenos, se pudieron detectar estos alumnos que específicamente están desinteresados, los cuales plasmaron no estar seguros si son buenos en algo y otro incluso escribió "mi talento es muy tonto".

- *¿Por qué demuestran sus habilidades cuando se sienten libres?*

Con las observaciones, y en pláticas generales con los alumnos, se puede establecer que cuando los alumnos tienen un tiempo y libre elección de elegir que hacer, es cuando menos miedo tienen a fallar, porque ahí nadie les dirá que no está bien, por lo que escogen aquello que les gusta hacer y les interesa, se proponen realizarlo más por satisfacción propia, por lucirse, sin importar realmente si era como la maestra lo quería, porque saben que todos harán cosas diferentes. Cuando ellos consideran que pueden hacer los trabajos a su modo, explicarlo con sus palabras, representarlo como ellos lo entienden, se esfuerzan más, que cuando saben que solo hay un modo de resolver determinado ejercicio y que podría haber un resultado positivo o uno negativo.

- ¿Los proyectos les permiten desarrollar sus habilidades y talentos?

Esta pregunta se responde por consecuencia de la anterior. Ya que es en los proyectos donde los alumnos experimentan mayor libertad. Sin embargo existen algunos proyectos que al tener ya establecido lo que se requiere, el alumno no encuentra mucha motivación en ello y no responde al trabajo.

Por lo que hay dos determinantes que declaran si el proyecto les ayudará a explayarse, una es que tipo de actividad realizará, si tiene relación con redacción, dibujo, etc. Y la segunda es el tema que se aprende, si éste tiene relación con ellos y si realmente les llama la atención.

También por medio de la encuesta aplicada a 27 alumnos del grupo, se pudo notar que 11 de esos alumnos respondieron que consideraban aprender más cuando hacían proyectos, tomando en cuenta que el trabajar por proyectos implica la realización de carteles, trípticos, propuestas, escritos, así como la colaboración en equipos.

- *¿Cómo hacer que los alumnos se sientan valiosos?*

Los alumnos toman en cuenta en gran manera los comentarios que hacen quienes los rodean sobre su persona y su trabajo. En primer lugar están los padres, los cuales son determinantes para la autoestima del niño, si los papás valoran su labor, su esfuerzo y sus sueños, entonces él les dará más valor.

También toman en cuenta la opinión de sus compañeros, cuando estos mismos se impulsan, se sorprenden por los trabajos, los presumen, o en comentarios mencionan el nombre de alguno diciendo que es bueno para algo, eso eleva la imagen propia que tiene el alumno de sí e incluso le hace creer que es bueno en lo que hacen.

Por último, tenemos también que el alumno siempre busca la aprobación del docente, siempre pregunta si está bien su trabajo, si le agrega, si le quita, y si el docente otorga valor a su trabajo, además de a su esfuerzo, el alumno se sentirá bien con respecto a su rendimiento y probablemente también querrá seguir mejorando.

- *¿Por qué se rechaza al que trabaja diferente o batalla para hacerlo?*

Los alumnos son francos en sus comentarios y con éstos pueden elevar a un compañero o derrumbar a otro. Para ellos es sencillo decir "es que él no sabe hacer nada" o "él nunca trabaja y dibuja bien feo". Y es aquí donde los demás niños pierden poco a poco la confianza en ellos y en sus trabajos.

Los niños no están muy conscientes de que le causan daño a los demás, y esto, lo afirmo porque al hablar con ellos sobre un compañero que presentaba algunas dificultades, gran parte de los estudiantes moderó sus ataques y expresiones hacia él, incluso algunos procedieron a apoyarlo.

(TERCERA SEMANA)

REVISIÓN TEÓRICA

Para efectos de esta investigación, se pretende dar una referencia teórica al tema investigado "Todos los alumnos tienen un talento" el cual es un punto de partida para buscar la relación existente entre el valor que los alumnos se dan a sí mismos y a las habilidades que poseen, y como este es determinante en el desarrollo de sus talentos y en el proceso de aprendizaje óptimo.

Se parte de la premisa de que hay alumnos bastante buenos y motivados, pero también hay aquellos en los que no se denota interés alguno, pero aún así, estos poseen un talento, una habilidad o varias que le pueden ayudar a impulsar su desarrollo tanto personal como académico.

Se pretende determinar también cómo en la escuela primaria se puede tomar en cuenta el talento de los alumnos para los procesos de aprendizaje, además de buscar potencializar dicho talento.

Para este supuesto es necesario aclarar que al referirse a la palabra "talento" no se está tomando en cuenta el concepto general que se tiene, como lo establece la página de internet del *"Programa de Estudios y Desarrollo de Talentos Académicos"*, donde denominan que el talento académico:

> Es una competencia o potencial de habilidad muy superior por sobre el promedio (10% superior) en una o más áreas de las aptitudes humanas (por ejemplo: artes, deporte, académico), que se da en forma natural, pero necesita de un contexto de aprendizaje adecuado para crecer y manifestarse.

Al contrario de esto, se está tomando la palabra "talento" como una habilidad, o un área en la que los alumnos son buenos y además están interesados. Tomando en cuenta a José Antonio Marina y el libro que publicó en el año 2010 *"La educación del talento"* se parte de que "El talento no está antes de la educación, antes de la educación hay biología, el talento esta después de la educación. De manera que el objetivo principal de la educación es generar talento".

Esto establece que los alumnos son buenos en determinadas áreas o tienen mayor facilidad para desarrollarlas debido a su biología, a la genética y también al contexto en el que se desarrollan. Pero no se puede dejar a un alumno depender de esto solamente para el resto de su vida. La escuela tiene que impulsar en ese alumno el desarrollo del verdadero talento.

Este mismo autor, en su obra define el "talento como la inteligencia triunfante", en donde la inteligencia se encuentra vinculada con la resolución de problemas y fluye de cara a su resolución, y es ahí donde su postura toma importancia, al establecer que lo importante no es la inteligencia, sino lo que el individuo hace con esa inteligencia.

El la obra "La educación de los niños con talento en Iberoamérica" de Maryorie Benavides Alexander Maz, Enrique Castro y Rosa Blanco (2004) se le denomina:

> "[...] talento actual al ya desarrollado y evidenciado por un sujeto talentoso, lo que algunos autores denominan talento manifiesto; por otro lado, se llamará talento potencial al que aún no se ha desarrollado o evidenciado, es decir que el sujeto está en potencia de desarrollar y demostrar su o sus talentos, pero a causa de uno o más factores no lo ha podido evidenciar en sus esquemas de acción. (p. 27)

Estableciendo la posibilidad de que el individuo pueda promover algún talento aun no reconocido o incluso desarrollarlo.

Hay otros conceptos que se relacionan directamente con el talento de los alumnos, y van enfocados específicamente en lo que el alumno cree de sí mismo y en lo que se siente capaz de hacer, para eso hay que partir del "autoconcepto" y establecer su relación con el "autoestima" y como estos son definitivos para el desarrollo integral del niño.

Por un lado tenemos a Walterman (1985), quien establece que "el Autoconcepto se refiere el conjunto de las autodefiniciones descritas claramente, que contienen aquellos objetivos, valores y convicciones, que una persona individualmente considera importantes y con los que se siente comprometida" (p.39)

Diversos autores también establecen que el autoconcepto se puede poseer en tres áreas, y uno de ellos es el valorativo, el cual se relaciona directamente con la autoestima, entrando en cuestiones: ¿Cómo me valoro a mi mismo? Y es que los alumnos se desenvuelven en diversos ambientes, en unos se sienten más cómodos que en otros.

De acuerdo a González (1997):

> "la multidimensional se refiere a que el individuo se mueve en diferentes contextos: familia, escuela, trabajo, sociedad, amigos, conducta, etc. y puede tener un Autoconcepto para cada dimensión, positivo o negativo. Los contextos dependen de la edad, el sexo, la cultura, el medio social, las exigencias profesionales, etc." (p.275)

Todos estos elementos vienen a recaer en la escuela, donde hay 35 alumnos en promedio, y cada uno responde de acuerdo a lo que se cree capaz de hacer y a lo que realmente le interesa.

Al respecto Musuti (2001) señala lo siguiente:

> La Autoestima incluye la valoración según sus cualidades que provienen de la experiencia y que son consideradas como negativas o positivas. Así el concepto de Autoestima se presenta como la conclusión final de un proceso de autoevaluación y es la satisfacción personal del individuo consigo mismo (p.17)

Si el alumno tiene una visualización propia como positiva, entonces éste podrá sentirse capaz de hacer más cosas, además de que nace en él una motivación extra, la curiosidad lo moverá a querer saber y hacer más, buscando una mayor satisfacción provocada por sí mismo y su esfuerzo.

Para esto, podemos tomar en cuenta a Zúñiga (2000) el cual menciona que:

> Si un estudiante se siente confiado en una situación de aprendizaje, estará más abierto y con mejor disposición para aceptar los cambios, y a la vez estimulado para entrar en el aprendizaje de todo corazón. Pero si un estudiante posee baja autoestima, se siente temeroso, o percibe pocas posibilidades de éxito, él o ella tratarán de evitar cambios; encontrará una vía de escaparse de la clase o asignar a alguien más para que le haga las tareas, o hacer sólo un mínimo esfuerzo, (p.77)

Estableciendo por lo tanto que el alumno desinteresado no es una causa perdida, no tiene que ser apartado por el docente y tomarse como el peor de la clase. Hay una causa del proceder de ese alumno, y lo correcto identificar las razones y proponer actividades que le ayuden a mejorar el concepto de sí mismo.

El autoconcepto y autoestima van de la mano directamente con la motivación, la cual no consiste en comprar al alumno por medio de premios, el niño posee en sí mismo la clave de esa motivación, porque la energía y las ganas son de él. Lo que se requiere es propiciar espacios de crecimiento y darles grandes herramientas que les ayuden a tratar con problemas y situaciones reales.

Así lo establece Marina (2010), donde a partir de diversas conferencias ha reconocido que "No se pueden inventar motivos", el niño ya tiene sus propios motivos, se sabe le gusta aprender pero no le gusta estudiar, por lo se pueden poner deseos nuevos, se tiene que partir del deseo que el niño ya tiene. La principal motivación de un niño tiene que ver con pasar buen tiempo, ser reconocidos y sentir que progresan.

Entonces la escuela tiene un reto latente, todos los alumnos son buenos, tienen elementos para sobresalir y tener una vida de éxito, pero la educación entonces no debe limitarlos, donde al poner calificaciones bajas se les está diciendo que no son capaces. Todos son capaces, pero es necesario preparar las situaciones necesarias para impulsar esas capacidades.

Para esto se recuperaron algunas frases de un video de entrevista a José Antonio Marina, por motivo de su libro "La educación del talento" en el programa La noche en 24 hrs. Las cuales se presentan a continuación y son retadoras para la educación que se lleva a cabo hoy en día:

- Lo importante es la acción, la actividad, la vida. El conocimiento debe de estar a su servicio.
- Nada entorpece tanto el desarrollo personal, como la errónea creencia de que uno es como es y no puede cambiar.
- Los niños no nacen iguales, nacerán iguales en derechos […] nacen con temperamentos distintos, hay niños fáciles y hay niños difíciles, las madres y padres no educan igual a un niño fácil que un niño difícil.
- Queremos niños pasivos o activos. Queremos niños activos, que tengan iniciativa, tenemos que aprovechar mejor todas las conexiones entre asignaturas, todo el currículo de un curso debe ser integral.
- Porque se cambia el gran deseo de aprender que tiene el niño, por el deseo de sacar buenas notas que tiene el estudiante. Tiene que haber colaboración entre la escuela y la familia.

(CUARTA SEMANA)

CONCLUSIÓN GENERAL

¿Los alumnos valoran y conocen su propio talento?

En el grupo de 5to B en su mayoría conocen que tienen habilidades y son buenos haciendo algunas cosas específicas, sin embargo hay una cantidad considerable de niños que no ha encontrado su talento y que por lo tanto tampoco siente ninguna motivación al trabajar en la escuela por más que se varíen las actividades.

Estos niños no se sienten reconocidos en ningún área ni por ellos mismos ni por los demás, por lo que el desinterés es latente y no participan de forma óptima en los procesos de enseñanza-aprendizaje, están más bien obligados a estar en la escuela.

¿Qué piensan los alumnos de sí mismos y de sus habilidades?

Los que saben que son buenos en algo, se sienten seguros al realizar esas actividades, por eso las nombran como las mejores o aquellas con las que aprenden más, porque se desenvuelven y motivan al trabajar. Sin embargo no todos, y casi la mitad del grupo desconocen el verdadero valor y utilidad que puede tener su talento, solo lo limitan a la escuela y a que podrían sacar buenas calificaciones.

Otros más, en efecto alrededor del 3% del grupo piensan que lo que hacen no sirve para nada y que es de poca importancia y utilidad.

¿Cómo se puede impulsar a que los alumnos desarrollen su talento?

Al conocer los intereses de los alumnos, se puede identificar también hacia donde tienden sus habilidades y viceversa. Se tiene que dar importancia a lo que saben hacer, dándole una utilidad dentro del aula, y frente a los demás, para que se motiven e impulsen a ir mejorando su trabajo.

Los proyectos, carteles, actividades en equipo, y trabajos para publicarse a la comunidad son los que más motivan al grupo y es donde más pueden plasmar e impulsar sus habilidades.

ACCION DOCENTE

- Implementar actividades sencillas y concretas, para ayudar a encontrar a los alumnos cuáles son sus talentos, habilidades e intereses.

- Trabajar actividad "Aprendo de los demás", donde por semana, se reunirán con un grupo de alumnos donde estos se prepararán para enseñar algo de lo que saben hacer a sus demás compañeros. Puede variar a hacerse en parejas, de manera grupal o en equipos.
- Actividad inicial del día: "Mi mejor yo". En la cual se llevarán a cabo actividades cortas que impliquen educación emocional, motivación, activación de hemisferios, etc. Todo con el objetivo de mejorar la autoestima de los alumnos así como su actitud ante el aprendizaje.
- Actividad final del día: "Valoremos para mejorar". La cual consistirá en cada día, 5 minutos antes de salir, el alumno completará los siguientes enunciados para reflexionar sobre el trabajo que realizó ese día: "Aprendí… hice bien… necesito mejorar…"
- Se adecuará la planeación didáctica para elaborar proyectos, tanto en equipo como individuales, y llevar a los alumnos a un aprendizaje más significativo. Así como se prestará mayor atención a que todos tengan la oportunidad de desenvolverse en aquello que más les interesa.

COMENTARIOS FINALES:

Al ser el primer año que trabajo como docente frente a grupo, los retos han sido bastantes y muy recalcados desde diferentes áreas, pero especialmente en el aspecto de promover el aprendizaje en mis alumnos.

Estos alumnos contaban con un nivel educativo inferior a tercer grado, yo los estaba recibiendo en quinto completamente desfasados. Incluso ellos mismos decían no saber nada. Se empezó desde sus conocimientos, pero adaptarse al currículo parecía imposible, las evaluaciones no estaban de acuerdo a sus conocimientos.

Todo el año se trabajó con ellos buscando formas para llevarlos a aprender, pero también para motivarlos a asistir a la escuela, para enseñarlos a ser responsables y para buscar un poco de apoyo por parte de los padres. En ninguno de esos aspectos se puede decir que se ha mejorado como se esperaba, pero se sigue trabajando con el propósito de mejorar y darles una mejor oportunidad a estos estudiantes para el futuro.

Esta investigación me fue de mucha utilidad, por el hecho de que se tiene fe en que los alumnos lograrán algo en la vida, pero a veces la misma indiferencia y desinterés de ellos llega a preocupar, llega a hacer que me pregunte ¿estoy haciendo lo suficiente?

Y siempre me respondo que no, que hay más por hacer, ahora los conozco más, en vísperas de acabar el ciclo, y el conocer sobre lo que piensan ya no de manera individual, sino de forma grupal, identificar porcentajes, valorar respuestas de ellos mismos, me permite conocer de donde debo partir con ellos, ya que debo mencionar que he decidido y solicitado trabajar con estos alumnos en el ciclo escolar que esta por entrar.

Me los llevaré a 6to año porque tengo la seguridad de que hay más que hacer por ellos y con ellos, porque un poco de experiencia se que servirá, y el conocer a cada uno, sus debilidades, sus miedos, a sus padres, da una mayor pauta para saber cómo intervenir.

Aun así, creo que es necesario decir, que valorando la situación, deberé hacer varias investigaciones más con este grupo, en otras áreas donde hay ciertas debilidades, como disciplina, como apoyo de los padres de familia, entre otras cosas, pero gracias a la investigación, se tienen una esperanza mayor de poder mejorar.

Conocer debilidades, situaciones, problemáticas, para proponer soluciones y buscar la mejora. En eso puedo resumir la investigación de campo.

BIBLIOGRAFÍA

Benavides, M., Maz, A., Castro, E., Blanco, R. (2004). La educación de niños con talento en Iberoamérica. UNESCO.

Calvo, A; González, R. y Martorell, C. (1997). Variables relacionadas con la conducta prosocial en la infancia y adolescencia: personalidad, autoconcepto y género. Recuperado el día 13 de diciembre de 2003 de www.academia.cl/pub03.htm - 101K.

García, L. (2005). Autoconcepto, autoestima y su relación con el rendimiento académico. (Tesis Maestría, Universidad Autónoma de Nuevo León)

González, J; Nuñez, C; Glez.S y García M. (1997). Autoconcepto, autoestima y aprendizaje escolar. Recuperado el día 20 de noviembre de 2003 de

http://www.psicotema.com.

Marina, J.A. (2010).La educación del talento. Editorial Ariel

Morí, P. (2002). Personalidad, autoconcepto y percepción del compromiso parental su relación con rendimiento académico en alumnos de sexto grado (Tesis doctorado, Universidad Nacional Mayor de San Marcos, Universidad del Perú decana de América).

Video: José Antonio Marina. La educación del talento. (la noche en 24 hrs): https://www.youtube.com/watch?v=7DyUCWVLCyU

15

"EL TRABAJO"

(PRIMERA SEMANA)

Marco contextual.

Mi escuela se llama Vicente Guerrero, es urbana ya que se encuentra ubicada en la cabecera municipal de Nuevo Morelos, al sur del Estado de Tamaulipas, contamos con 12 salones, una biblioteca, un aula de cómputo, desayunador, plaza cívica, campo deportivo y baños.

El alumnado en total son 385 niños, es una escuela que trabaja con los 12 grupos (organización completa). Me llamo Samuel y yo atiendo a los alumnos del 5° grupo "A", son en total 26 alumnos de los cuales 14 son niñas y 12 son niños, sus edades oscilan entre 10 y 11 años, todos <u>bastante diferentes</u> con dificultades de escritura y lectura, pero sobre todo con complicaciones de <u>razonamiento.</u>

Este grupo de niños, según me informaron, ha tenido algunos problemas de conducta, además de que un <u>problema con un padre</u> de familia orilló al maestro que estaba atendiendo al grupo, que se jubilara antes de tiempo, estuvieron 2 o 3 maestros cubriendo al grupo que estaba sin maestro, y después el grupo se quedó sin maestro cerca de un mes.

Por ésta inestabilidad, <u>sin un maestro fijo por más de 3 meses,</u> es que supongo que los niños tuvieron un rezago aún mayor en su aprendizaje, <u>batallan mucho con la lectura</u>, no quieren batallar para leer alguna indicación; al explicarles alguna, siempre terminan preguntando más de 3 veces qué es lo que se va a realizar.

Sin embargo y a pesar de los problemas que se han suscitado, hasta hoy, y gracias a Dios, no he tenido ningún problema con los padres de familia, desde la primer semana, les pedí que nos reuniéramos para hablar sobre mi forma de trabajo, mis puntos de vista, trato con los niños, mi abierta comunicación y confianza para ellos, e hice mucho énfasis en eso mismo, <u>hablar y comunicarnos</u> siempre, he tratado de atenderlos siempre y apoyarlos en todo lo que puedo, y ellos mismos me han apoyado en diferentes situaciones que les he pedido, la relación es buena, netamente laboral, a pesar del poco tiempo que tengo y el poco tiempo que me queda con sus niños; me animan mucho los comentarios de algunos padres donde me sugieren que tome el grupo en sexto grado, aunque no depende para nada de mí.

El comportamiento de los niños es saludable, como niños que son, platican mucho, se habían acostumbrado a hacer "lo que querían" en el salón, <u>no estaban acostumbrados a trabajar</u>, por lo cual también se nos ha complicado llevar un buen ritmo de trabajo. Aunque ciertamente sus actos no son más que de niños como antes comentaba, <u>no son groseros</u>, obedecen y aunque a veces se quejan, no he tenido ningún problema más grave.

Mi relación con mis compañeros de trabajo es buena, trato de respetarlos y alejarme de comentarios de tipo ofensivo, con algunos de ellos platico muy bien, casi de cualquier tema, y <u>me apoyan cuando se los pido</u>, y siempre hago lo mismo aún cuando no me lo piden.

Delimitación del tema.

TEMA: No estaban acostumbrados a trabajar.

TITULO: Tomando ritmo de trabajo

Debido al tiempo que mi grupo dejó de trabajar, y a muchas otras situaciones, como falta de interés, complicaciones en sus hogares, cambios de horario, cambios de maestros; los niños tomaron una actitud demasiado relajada a la hora de estar trabajando, trato, por consecuencia del tiempo perdido, retomar o ver la mayor cantidad de temas posibles y de manera completa, por lo cual, no les doy mucho tiempo de tomarse un respiro o pararse o platicar, y eso para ellos es complicado de verdad.

Intento ser considerado y apoyarlos o explicar de manera más completa algunos temas, ellos en su afán de acabar pronto, tratan de hacer las cosas rápido y a veces no las hacen de manera correcta o adecuada, les pido las hagan otra vez y esto les pesa mucho más; pero con el paso del tiempo, hemos avanzado bastante al trabajar, falta mucho y tenemos poco tiempo, pero creo que podremos lograr bastante en éstos días de clases que nos quedan.

Preguntas de investigación.

¿Por qué la falta de interés en los niños al trabajar?

¿Por qué ha afectado tanto el cambio constante de maestros a los niños?

¿Cómo podría ser menos complicado trabajar para ellos?

¿Por qué los niños no se esmeran en hacerlo bien desde el primer intento?

¿Cómo se puede aprovechar el tiempo de manera óptima?

(SEGUNDA SEMANA)

Trabajo de campo.

<u>Pregunta:</u>

1.- ¿Por qué la falta de interés en los niños al trabajar?

<u>Acción:</u>

Conversación con los alumnos

<u>Evidencia:</u>

Al conversar e intercambiar ideas con los niños, explican los motivos por los cuales no les agrada tanto ir a la escuela, algunos piensan que la escuela es un lugar de esparcimiento, para ver a sus amigos y jugar con ellos; unos pocos comentan que les gusta ir a clases, y los trabajos que realizamos. Sin embargo, la mayoría afirma que no les es grato estar allí de lunes a viernes.

<u>Pregunta:</u>

¿Por qué ha afectado tanto el cambio constante de maestros a los niños?

<u>Acción:</u>

Entrevista al director.

Evidencia:

1.- ¿Cuántos maestros han tenido los niños de mi grupo a lo largo de éste ciclo escolar?

R: 4 en total.

2.- ¿Qué aspecto ha visto que se ve afectado principalmente por ésta situación?

R: El académico, sobre todo ese, los niños no han adquirido el conocimiento necesario porque dejan de ver muchos temas, además no tienen un seguimiento correcto de sus actividades.

3.- ¿Qué me recomienda realizar para optimizar el tiempo restante y aprovecharlo para trabajar?

R: No te diré que meter mucho trabajo y actividades, aunque sería lo ideal; el problema es que al hacer esto, los niños que vienen de un periodo largo sin actividades, van a dejar de hacerlas o a presentar inconformidades. Entonces te diría que trates de buscar actividades didácticas y emotivas, para que ellos participen de manera didáctica en el aprendizaje.

4.- ¿Cree que el comportamiento desinteresado de los niños para trabajar, recae totalmente en el problema de no haber tenido maestro por el periodo de tiempo?

R: Claro que sí, los niños se relajan en todo sentido, y les va a costar mucho más hacer lo que el maestro nuevo va pidiendo, entonces se afecta todo, pero el comportamiento deja de tener un proceso de 1 año, a ti sólo te tocaron 4 meses con ellos, y tal vez es complicado orientarlos a tu forma de trabajo en éste tiempo.

Pregunta:

¿Cómo podría ser menos complicado trabajar para ellos?

Acción:

Preguntas orales a una muestra del grupo.

Evidencia:

1.- ¿Les gustan las actividades que realizamos en el salón?

R: Algunas, nos gusta trabajar en equipo y participar leyendo, pero no nos gusta copiar cosas del libro o del pizarrón.

2.- ¿Qué otras actividades de trabajo sugieren?

R: Trabajar con copias, hacer más actividades en equipo, exponer en otros grupos.

3.- ¿Sería mejor para ustedes trabajar de éstas formas? ¿Por qué?

R: Sí, porque así podemos hacer más cosas que nos gustan, y participar mejor.

4.- ¿Creen que podemos aprovechar el tiempo para aprender y trabajar?

R: Sí.

Pregunta:

¿Por qué los niños no se esmeran en hacerlo bien desde el primer intento?

Acción:

Observación-diario de campo

Evidencia:

Considero que la mayoría de los niños son algo conformistas en su accionar, no por mencionarlo como ofensa, también me pasa algunas veces; el problema está en el desinterés que tienen por aprender, por estudiar, ven a la escuela como una obligación, por lo tanto obligados van y de igual forma hacen sus labores.

Los niños que se esfuerzan y se esmeran, tienen algunas veces, algo que los motiva a ser mejores, sus padres, becas, el reconocimiento, etc. Y con ello tratan no sólo de terminar los trabajos, sino hacerlos de la mejor manera posible.

Éstos niños, carentes de motivación y obligados, realizan su trabajo, y al revisarlo, la mayoría de las veces es incorrecto, por lo tanto, tengo que pedirles lo realicen de nuevo, y es cuando explotan, porque ven el trabajo y la escuela como algo indiferente a sus intereses, no son capaces de reflexionar y querer hacer las cosas bien, ni tan solo por la satisfacción de haberlo hecho.

Pregunta:

¿Cómo se puede aprovechar el tiempo de manera óptima?

Acción:

Lluvia de ideas e intercambio de opiniones.

Evidencia:

Los niños comentan que podemos hacer otras actividades para que puedan trabajar de manera más cómoda y agradable, evitar pararse tanto, platicar en voz baja sólo cuando se haya terminado la actividad, escuchar con atención las indicaciones para no tener que preguntar otra vez, no salir tanto al baño, tratar de mejorar su conducta.

Lo importante es orientar a los niños al trabajo, espero logremos los objetivos deseados.

(TERCERA SEMANA)

Revisión teórica

<u>¿Por qué la falta de interés en los niños al trabajar?</u>

Una lista de factores que se relacionan con el contexto social, familiar, ético, político y económico que pueden producir la falta de motivación:

- Pobreza.
- Déficit cultural.
- Escaso reconocimiento a sus valores y estilos de comportamiento.
- Falta de confianza en sus propias capacidades frente a una constante comparación.
- Baja autoestima provocada en su medio

La desmotivación se podría definir como un rasgo propio de cada persona, que se mantiene relativamente constante a lo largo del tiempo y que en muchas ocasiones es muy difícil de modificar, ya que en muchas de las ocasiones se coloca al alumno como el único responsable de su escaso interés de aprendizaje.

Falta de interés por aprender de los alumnos en la escuela -Berenice Martínez Bernal

¿Por qué ha afectado tanto el cambio constante de maestros a los niños?

Supone la afectación de los procesos pedagógicos así como también una desestabilización del ritmo de aprendizaje de los estudiantes. Hay algunos menores que se identifican con sus maestros y cuando hay un cambio como estos pasan de la afectación académica a la emocional. Más allá de las consecuencias de los cambios metodológicos está el comportamiento de los menores al separarse de un docente por el cual sentían apego.

Cambio de docentes afecta a los estudiantes-Luz Marina Romero

¿Cómo podría ser menos complicado trabajar para ellos?

Conocer las causas del bajo rendimiento escolar es el primer paso para mejorar el rendimiento académico de nuestros niños. Entonces, ¿cómo mejorar el rendimiento escolar de los niños? ¿Por qué no estudian? ¿Por qué no siempre obtienen los resultados esperados? Es muy importante desarrollar su capacidad de aprender a aprender y crear un hábito de estudio.

Cómo mejorar el rendimiento escolar de los niños-Celia Rodríguez Ruiz

Durante años se ha considerado importante que los niños aprendan mediante dinámicas y juegos, pues de esta forma se divierten mientras aprenden y resulta más sencillo el proceso de aprendizaje.

Pues bien, hoy en día los niños son los más enterados en cuanto a tecnología, los avances en esta han hecho que el mundo cambie, que la comunicación sea más efectiva y que los pequeños de hoy en día se interesen por cosas que hace algunos años parecían no importarles.

Así pues, los niños prefieren estar sentados frente a la computadora jugando en línea o el televisor, y no compartiendo con más niños de su edad o en el parque como antes, su interés ha cambiado y el modo de enseñarles también debe hacerlo.

Aprender más fácil: La importancia de los juegos educativos-N/A

¿Por qué los niños no se esmeran en hacerlo bien desde el primer intento?

Es muy desmotivante para el maestro reconocer el desinterés del estudiante ante su materia o ante su trabajo, de ahí que llega la inquietud de cuales puedes ser las razones de este desinterés común y las respuestas son muchas.

1. El maestro
2. La familia
3. El niño (a)
4. la sociedad

Ya que debemos partir de estos factores, hace que sea aún más preocupante, ya que agranda más las causas de los problemas y complica las soluciones.

Desinterés Escolar Causas y Soluciones-N/A

¿Cómo se puede aprovechar el tiempo de manera óptima?

Con criterios flexibles, que permitan organizar las actividades en función de los objetivos. Así explica Inés Aguerrondo, Subsecretaria de Programación y Gestión del Ministerio de Educación, cómo debería usarse mejor el tiempo en las escuelas. Puede ser que un docente para explicar un tema necesite 40 minutos. Pero si los chicos están trabajando en la resolución de un problema, quizás precisen dos horas, aclaró. Lo interesante es poder ver que el tiempo es un recurso más.

(CUARTA SEMANA)

Conclusión.

Sin duda la capacidad de aprender de los niños, está intrínsecamente relacionada con su entorno, para bien o para mal, cualquier suceso o situación, sea interna o externa a la escuela, influye directamente en su desempeño escolar.

Al desarrollar esta investigación, se puede deducir que aún presentando recursos, conociendo a los niños, aplicando estrategias y planes de enseñanza, no se puede llevar a cabo una enseñanza plena sin conocer a profundidad todo lo que engloba el mundo de cada uno de los niños. Cada uno de estos aspectos son sólo puntos que encierran un todo a la hora de comprender cómo piensan y qué influye en sus pensamientos.

Al comenzar dicha investigación, podemos empaparnos de la información antes comentada, analizar paso a paso todos los aspectos que hacen a los niños funcionar, por ejemplo, su entorno, la convivencia entre ellos, las relaciones interpersonales, la relación con su maestro, incluso con otros maestros, con niños de otros grupos, su desempeño académico, su hogar, sus padres, familia, su casa, personalidad, forma de ver diferentes cosas, los cambios en sus vidas, etc.

Si desglosáramos paso a paso cada uno de esos factores que influyen en el rendimiento y accionar de los pequeños, tal vez podríamos entender mejor cuáles son sus expectativas sobre la escuela, qué pueden ofrecer a la misma, a sus compañeros, a sus maestros, a sus familias y sobre todo a ellos mismos. Así como aplicar estrategias, planes y formas de trabajo adecuadas a las necesidades de particulares de ellos mismos.

Todo este proceso, sólo puede llevarse a cabo mediante la investigación. Si utilizáramos cabalmente todas las herramientas para investigar que tenemos a la mano, nos daríamos cuenta que es mucho más sencillo de lo que parece.

A su vez, el compartir la información recabada, así como aspectos generales, pero específicos de nuestra investigación, podemos apoyar (sin saber, tal vez) a otras personas que puedan estar pasando por problemas similares en sus actividades cotidianas. Debe ser un compromiso continuo aportar a la humanidad cada dato que se pueda poner a su alcance, todo ésto, para ayudar y apoyar en el proceso de enseñanza.

Acción docente

Al conocer más a fondo las características de mi grupo, saber por lo que han pasado, ver cómo les ha afectado, es totalmente necesario intervenir en todo lo que sea posible para apoyarlos y ayudar en su proceso de aprendizaje, debe ser nuestro compromiso como docentes, formadores y facilitadores, conocer a fondo las carencias, debilidades, fortalezas y oportunidades de cada niño y de nuestro grupo en general.

En el tiempo que pueda, debo apoyarlos a conocer y comprender mejor los temas, ser paciente y consciente de los cambios bruscos que han vivido en la escuela y fuera de ella, facilitar su aprender y tratar de hacer más entendibles los temas. No restar importancia a nadie, incluirlos, motivarlos a participar, a ser mejores y cumplir siempre que puedan con todas las actividades, porque siempre habrá una recompensa, distante o cercana, pero llegará.

Comentarios finales

Sólo puedo reafirmar lo antes escrito. La investigación en nuestra acción como docentes, debe ser un accionar permanente, mantenernos al tanto de los cambios que puedan suceder en los niños, en todo lo que los rodea, aún en nosotros mismos, para así ser capaces de mejorar e implementar todo lo necesario para cubrir las necesidades que se puedan ir presentando.

16
"LOS VALORES"

(PRIMERA SEMANA)

MARCO CONTEXTUAL

El grupo que actualmente estoy atendiendo corresponde a 2° grado de educación telesecundaria y está integrado por 10 alumnos; de los cuales 6 son mujeres y 4 varones. Las edades promedio de este grupo corresponden a los 13-14 años de edad. Del total el 60 % son de la comunidad donde se encuentra ubicada la institución educativa y el 40 % proviene de un ejido aledaño. Estos estudiantes viajan diariamente en un transporte público que los deja y pasa por ellos a la escuela.

El aula donde se imparten clases es amplia tomando en cuenta la cantidad de alumnos y cuenta con los equipos básicos: computadora para el docente, impresora y un aire condicionado. La escuela telesecundaria esta ubicada a las orillas del Ejido Palo Alto del municipio de Valle Hermoso, Tamaulipas. Esta institución educativa cuenta con 3 docentes; quienes imparten 1 grado cada uno; en un horario de 8:00-16:00 horas por estar en el programa de Escuelas de Tiempo Completo.

Me llamo Carlos, y como docente procuro ser un ejemplo para mis alumnos, por lo cual trato de llegar diariamente 10 minutos antes de la hora de entrada y retirarme hasta que se va mi último alumno del salón de clases. Así mismo trato de faltar lo menos posible a clases para que mis alumnos tampoco falten a clase. En lo que respecta a la relación alumno maestro trato de darles confianza e inculcarles valores porque creo que es la principal debilidad de este grupo.

A partir de febrero inicié con este grupo y desde esa fecha he tratado de inculcarle a estos alumnos los valores primordiales en la vida y explicarles el beneficio de practicarlos diariamente a donde ellos vayan.

Algunas ocasiones he observado que hay algún trapeador o escoba tirada por el camino donde van pasando y me doy cuenta que no se detienen a levantarla y me da tristeza de ver esa actitud. Así mismo me he dado cuenta de que ha este grupo le gusta más trabajar individualmente que en binas o en equipos.

Actualmente se ha estado trabajando con ellos sobre este tema de valores, pero he identificado que les disgusta que les marque algunas conductas inapropiadas. La ventaja de este grupo es que es muy trabajador y termina las cosas muy rápido.

En lo que respecta a la calificación final, ellos ya saben que en mi grupo obtiene mejor promedio aquel estudiante que se esfuerza más y no el "más inteligente". De esta manera todos los alumnos del grupo tienen las mismas posibilidades de obtener buena calificación.

DELIMITACIÓN DEL TEMA

"La pérdida de valores en los jóvenes"

Al llegar diariamente a la institución donde trabajo trato de estar un poco antes de la hora de entrada, con la finalidad de saludar a mis alumnos al llegar a la escuela y me he dado cuenta que algunos no tienen el hábito de saludar a las personas o compañeros que se encuentran en el transcurso de su trayecto al salón. Así mismo ya dentro del aula, cuando se les da una instrucción a realizar buscan la manera de dar la contra; es decir querer realizar otra actividad.

También he podido observar que algunos estudiantes al realizar algún trayecto a cierto lugar y encuentran algo tirado, como por ejemplo una escoba o un trapeador tirado en el camino por el aire; los pupilos no se detienen a levantarlo y ponerlo en el lugar correcta más bien pasan por encima de lo que se encuentre en el piso.

Posteriormente durante un día de trabajo se planean algunas actividades o trabajos en equipos y se ha podido constatar que algunos de ellos desean mejor trabajar de manera individual que en el equipo de trabajo.

Todas estas actitudes de los alumnos se han venido trabajando con la finalidad de lograr alumnos: responsables, cooperativos, positivos, con iniciativa, entre algunos otros valores que nos hacen crecer como seres humanos.

PREGUNTAS DE INVESTIGACIÓN

1. ¿Por qué algunos alumnos están perdiendo los valores?
2. ¿Por qué algunos estudiantes les gusta dar la contra a ciertas indicaciones?
3. ¿Por qué algunos alumnos no son solidarios?
4. ¿Por qué algunos alumnos no les agrada mucho trabajar en equipo?
5. ¿Qué factores influyen en la pérdida de valores de los estudiantes?

(SEGUNDA SEMANA)

TRABAJO DE CAMPO

Para iniciar con el trabajo de campo y recolectar información que diera pauta para identificar las posibles causas, factores y consecuencias de la pérdida de valores en los jóvenes realicé las siguientes actividades:

Primero realicé una observación durante un día normal de clases con la finalidad de identificar algunos de los valores que se están perdiendo en los jóvenes de la institución antes mencionada. En ese día de observación llegué antes que todos los alumnos y dejé tirada una escoba en el pasillo de acceso al aula de clases de manera intencionada; con el objetivo de observar la conducta de los adolescentes ante esa situación implementada. Al llegar a clases los jóvenes observan que la escoba se encuentra tirada pero no hacen nada por levantarla, solo pasan por arriba de ella sin pisarla y otros le sacan la vuelta para no pasar sobre ella. Así mismo no saludan a sus compañeros y al docente; solo entran al aula y lo primero que hacen es hacerle plática a un compañero sobre un tema de su vida personal.

Más tarde, durante el horario de receso escolar realicé una plática informal con 2 docentes compañeros de trabajo y que también son habitantes de la comunidad donde se encuentra ubicada la Escuela Telesecundaria. El tema a conversar fue ¿por qué los alumnos les gusta dar la contrariedad ante ciertas indicaciones del docente y los factores que influyen en la pérdida de valores en los jóvenes del grupo de 2°? Las respuestas de estos 2 docentes coincidieron en que existe un grupito de alumnas que desde la Escuela Primaria se les permitía realizar lo que en ocasiones ellas deseaban hacer en alguna actividad, no importando que el docente hubiera dado indicaciones diferentes y eran apoyadas por sus compañeros de grupo. Así mismo ellos expresaron que ese grupo de alumnas se caracterizan por tener falta de atención en su casa y realizan acciones desafiantes para llamar la atención de sus compañeros y docente de grupo; ya que de esta manera se hacen presentes en clase.

Posteriormente, realice 2 actividades para identificar las relaciones de amistad y compañerismo entre los integrantes del grupo de estudio. La primera actividad fue realizar una observación de los alumnos durante un día de trabajo en clase y durante los recesos escolares. En clase les pedí a los alumnos que se formaran en equipo de manera aleatoria y al tocarles trabajar con algunos compañeros que no tienen buena relación, me pidieron que les permitiera realizar el trabajo de manera individual a lo que les respondí que así trabajarían porque todos deben trabajar con todos y así empezar el trabajo cooperativo dentro de ese grupo. Al terminar esta actividad se les aplicó un cuestionario con 4 sencillas preguntas para identificar algunas posibles causas de porqué no les gusta trabajar en equipo. Las 4 preguntas fueron las siguientes:

- ¿Sabes que es trabajar en equipo?
- ¿Has trabajado en equipo fuera del aula escolar?
- ¿Te gusta trabajar en equipo durante las clases?
- ¿Por qué no te gusta trabajar en equipo?

Las respuestas que coincidieron fueron:

- Sí saben que es un trabajo en equipo
- Solo en deportes les gusta trabajar en equipo
- Qué no les gusta trabajar en equipo, porque en ocasiones les toca trabajar con compañeros con los que no tienen buena relación.

- Porque no les gusta trabajar con compañeros que no realizan bien los trabajos escolares.

Finalmente realicé una plática con una madre de familia, un docente y un conserje, sobre los posibles factores que afectan la pérdida de valores. La respuesta de la madre de familia es que un factor influyente en esta temática es el poco tiempo que dedican los padres a sus hijos por estar trabajando fuera de casa, tanto la madre como el padre; para cubrir las necesidades que requiere la familia y otras familias por dedicarle más tiempo a los celulares que a sus propios hijos. En cambio el docente mencionó que los padres de familia quieren que las escuelas eduquen a sus hijos, cuando ellos en 12 años no lo hicieron. Así también los padres no reconocen las necesidades de sus hijos y más de ayudar en colaboración con el docente; tratan de echarle toda la culpa a la escuela. Por ultimo; el conserje respondió que un factor que influye en la conducta antivalores de los alumnos son los medios de comunicación, ya que están invadiendo con los modelos a seguir en los jóvenes actuales.

(TERCERA SEMANA)

REVISIÓN TEÓRICA

El presente trabajo se centra en el tema "La perdida de valores en los alumnos de educación secundaria". Por lo cual se buscó referencia teórica que oriente a tener más información sobre el significado de valores, las posibles causas y consecuencias de la pérdida de valores, así como algunas estrategias para su fortalecimiento.

Para iniciar con esta búsqueda de información teórica se exploró en buscador electrónico Google algunos trabajos afines a este tema de estudio, entre los cuales se seleccionaron los siguientes:

De la Tesis Doctoral titulada "Los valores de los adolescentes, de sus padres y profesores en función de que el contexto educativo sea mono cultural o pluricultural" de Ma. Inmaculada Herrera Ramírez; en la cual se encontró que:

Hoebel (1973) opinaba que "los valores son los ejes sobre los que se articula la cultura, patrones de conducta dentro del conjunto global de potencialidades humanas, individuales y colectivas…, creencias profundas en cuanto a si las cosas o los actos son buenos y deben aspirarse a ellos o malos y deben ser rechazados (Citado en Castro, 2004, p.478). De manera que los valores son creencias profundas que actúan de patrones culturales de la conducta humana.

Para Schwats (1992, p.4) los valores son "conceptos o creencias correspondientes a intenciones o comportamientos que trascendiendo las situaciones concretas, sirven de guía para la selección o evaluación de comportamientos y acontecimientos priorizados en función de su importancia relativa".

Rokeach (1973, p. 5) dice que "los valores son creencias duraderas de que un modo especifico de conducta es personalmente o socialmente preferible a otra contrario o el modo inverso de conducta o estado final de existencia".

De igual manera se tomó el concepto de valor de la Tesis Doctoral "Aproximación a los valores y estilos de vida de los jóvenes de 13 y14 años de la provincia de Coruña" elaborada y presentada por Santiago Pena Castro.

De acuerdo con el Diccionario de la Real Academia Española el término valor cuenta con varias concepciones, siendo las más afines a este tema que nos ocupa; las siguientes:

1) "Grado de utilidad o aptitud de las cosas, para satisfacer las necesidades o proporcionar bienestar y deleite".

2) "Cualidad que poseen algunas realidades consideradas bienes, por lo cual son estimables. Los valores tienen prioridades en cuanto que son positivos o negativos, y jerarquía en cuanto son superiores o inferiores".

Después de ubicar el concepto de valor desde el Diccionario de la Real Academia Española se abordarán otros autores sobre esta misma definición.

"Creencias o convicciones profundas sobre las cosas de los demás y nosotras mismas, que guían la existencia humana, en función de las cuales tomamos nuestras decisiones" (Ortega y Gasset, 1973).

"Cualidad o conjunto de cualidades que hacen que una persona o cosa sea apreciada" (González Radio, 2000).

"Valores son características de la acción humana, en cuanto que esta última presupone la elección de determinadas opciones entre un conjunto de dilemas que configuran la existencia humana" (Parsons, 1951).

Después de haber citado diferentes autores en referencia al concepto de valor, se puede concluir que la mayoría de ellos coinciden que es una creencia o cualidad que puede ser aceptada o rechazada según la apreciación humana de un individuo, grupal o institucional.

Posteriormente se apoyó en la Metodología de Investigación Cuantitativa "La perdida de valores en las familias según estudiantes de la Universidad Pedagógica Nacional Francisco Morazán" con la finalidad de conocer algunas causas o factores que influyen en la perdida de valores de los adolescente.

Hablar de familia en la actualidad nos lleva a hablar de diversidad. Más allá del casi obligado plural con que debemos referirnos a la institución familiar, es cierto que las definiciones de familia por más variadas que sean descansan hoy en la relación interindividual, dando la idea de que la familia es ante todo un proyecto relacional que no hace referencia necesariamente a lazos de sangre.

Precisamente Schffer, (1990 en Isabel Solé I Gallart; 1998) señala que la naturaleza de las relaciones interpersonales son el factor clave del desarrollo del niño en la familia, más incluso que la propia estructura familiar.

Teniendo en cuenta que el hogar es la primera escuela es de ahí el punto de partida de la formación de valores del niño; y el padre juega un papel importante en esta situación ya que es el ejemplo; un patrón a seguir de los hijos y hoy en día nos encontramos que los padres han dado un descuido total a sus hijos. Son muchas las causas que generan esta situación donde influye el tiempo que le dedican los padres a sus hijos o que los hijos están aprendiendo por otro medio como lo es la tecnología que es una influencia que ha ocasionado un gran efecto en las familias.

La pérdida de valores en las familias, es un tema que en la actualidad preocupa mucho, pues éste ha ido en aumento dejando como consecuencia: desintegración familiar, conflictos entre los miembros de la familia, drogadicción, delincuencia, problemas emocionales, entre otros conflictos. Los padres de familia juegan un papel importante, pues depende en gran parte de ellos la formación de valores que van a dar a sus hijos; es una situación de unión, de respeto, misma que tiene que verse reflejada en los pilares de la familia: papá y mamá. Si ellos no logran tener una base sólida, difícilmente los hijos de esa familia pueden adquirir buenos cimientos para un futuro, según (Cd. Obregón Sonora, 11 de enero 2012)

La educación en la escuela; muchas personas tienen la idea "errónea" de que los hijos deben ser educados en las escuelas, y si, bien pueden tener algo de razón; la escuela es uno de los pilares donde se van fortaleciendo porque ya se a inculcado en el hogar. La educación prepara, brinda conocimiento, y ayuda a forjar valores en los individuos más no les brinda del todo.

En el seno del hogar es el lugar indicado para la enseñanza de valores, es ahí donde se practican y donde se corrigen, seguidamente los jóvenes saldrán a demostrarlos a la sociedad entera. La familia es nuestra primera escuela y los padres los mejores maestros y se espera que los hijos sean los mejores alumnos.

Según el autor antes mencionado, la generación anterior creció en hogares que eran los centros del mundo de los padres; esto no sucede con sus hijos. Muchos de los padres de hoy en día están orientados a su carrera más que a su hogar. Los padres de antaño deseaban que sus hijos fueran mejores que ellos, los de hoy desean que sus hijos sean tan buenos como ellos mismos (Ackoff, abril, 2011).

En base a los resultados de esta investigación de un grupo de estudiantes de la Universidad Pedagógica Nacional Francisco Morazán, entre las posibles causas que han llevado a la perdida de valores en los adolescentes se encuentran: La desintegración familiar, los conflictos familiares, los divorcios, la situación económica, la deserción escolar, desobediencias, drogadicción, entre otros factores como los robos.

A continuación se encuentra escrita la clasificación de valores obtenida de la Tesis con grado de maestría en Psicología aplicada denominada "Los valores sociales en la interacción de estudiantes de nivel secundaria en el ámbito educativo privado", elaborada por Eleazar López Cueva.

Para José María García Guzmán los valores se clasifican según su libro "Educación y valores" en España (2002) de la siguiente manera:

a) Valores instrumentales: son aquellos que sirven de medio para alcanzar otros valores superiores.
b) Valores vitales: Se refiere a la instalación del sujeto en el mundo y a su relación placentera con el contorno.
c) Valores sociales: son los que tienen que ver con las normas de convivencia entre las personas y sus relaciones con ellos.
d) Valores estéticos: se refiere a la creación de lo bellos y su simple contemplación.
e) Valores cognoscitivos: Tienen que ver fundamentalmente con el conocimiento de la realidad y de las leyes que organizan esa realidad tanto externa como interna.
f) Valores morales: son aquellos que presentan una bondad o maldad intrínseca.

Silvia Schmelkes (1996), hace un recuento de las ultimas dos décadas; señalando los documentos donde se habla de la importancia de la educación en valores, a saber:

• Jomtien, 1990, Declaración Mundial de Educación para todos, donde señala a la educación como un valor fundamental de las nuevas sociedades, se espera de ella, por los firmantes en esa reunión, un importante papel en la formación valoral, que permita vivir dignamente y relacionarse justa y humanamente.

- CEPAL-UNESCO, 1992: afirma que la difusión de valores, la dimensión ética, los comportamientos propios de la moderna ciudadanía, reciben un aporte decisivo de la educación y de la producción de conocimientos en una sociedad.

- Viena, 1993: Conferencia Mundial de Derechos Humanos, ONU: Hace una enfática invitación a todos los involucrados a incluir en la educación la información sobre los derechos humanos, como indispensable para promover relaciones estables y armoniosas entre las comunidades y para fortalecer la comprensión mutua; la tolerancia y la paz.

- Ginebra, 1994: Considera que la paz, los derechos humanos y la democracia deben ser cultivados.

- Programa de Desarrollo Educativo 1995-2000 (Poder Ejecutivo Federal, México 1996). De este documento rescato de manera suscita, dos apartados que por su importancia y claridad, transcribo textualmente: "Nunca será demasiado insistir en que no solo importa aprender, en el sentido puramente intelectual del término. En la vida escolar deberán reforzarse la autoestima, el respeto, la tolerancia, la libertad para expresarse el sentido de la responsabilidad, la actitud cooperativa, la disciplina racionalmente aceptada y el gusto por aprender. En la escuela mediante la práctica y el ejemplo, se consolidan valores como la democracia, la honradez, el aprecio por el trabajo y por los que trabajan, y en el sentido de pertenencia a una gran nación, con historia y cultura que orgullecen. Estas actividades y valores son parte de la ética laica y humanista consagrada en el articulo tercero de la Constitución y mas adelante señala:

"Los valores y actitudes que a ellos corresponden no pueden ser enseñados declarativamente. Es indispensable el ejercicio de prácticas educativas y relaciones personales dentro de la escuela, que sean expresión congruente de esos valores e involucren a todos los miembros de la comunidad escolar. La conducta del maestro juega un papel central, porque frente a los alumnos tiene una función de modelo.

(CUARTA SEMANA)

CONCLUSIONES GENERALES

*Los valores son cualidades que hacen a una persona diferente a otra; y ésta a su vez pueda ser apreciada o despreciada.

*La familia es la primera escuela formadora de valores y los padres son los mejores maestros.

*En la vida escolar deberán reforzarse los valores en los alumnos; con el objetivo de vivir dignamente y relacionarse humanamente.

*Los medios de comunicación son un factor negativo o positivo en la práctica de valores tanto en los jóvenes, como en nuestra sociedad actual.

*La necesidad de trabajar de los dos jefes de familia, ha orillado a dejar solos durante mucho tiempo a sus hijos y estos a su vez son consumidos negativamente por sus amistades y los medios de comunicación.

PLAN DE ACCIÓN DOCENTE

- Fortalecer, mediante diversas actividades, los valores en los jóvenes de la Escuela Telesecundaria, para tener una sociedad más social y humana.

COMENTARIOS PERSONALES

- La elaboración de este trabajo de investigación – acción me ha ayudado y me ayudará a organizar mejor mi práctica docente dentro y fuera del aula.
- Los docentes debemos ser agentes de cambio y para ello se necesita ser reflexivos sobre la propia práctica cotidiana.
- Las actividades para mejorar los valores serán muy sencillas y pienso llevarlas a la práctica con los alumnos y padres de familia objeto de estudio.

EVALUACIÓN DIAGNÓSTICA DEL DESEMPEÑO DE LOS PARTICIPANTES

Sobre los participantes:

1. Los maestros-alumnos que participaron en el curso, dieron muestra de un gran entusiasmo por aprender y ejercitarse en la investigación.

2. El resultado de los ejercicios muestra la gran riqueza que la investigación puede extraer de los acontecimientos más sencillos, ordinarios y cotidianos que ocurren en el aula entre los mismos estudiantes y entre estudiantes y maestros.

3. Una gran mayoría de los participantes, excepto dos o tres casos, interpretaron, desde el inicio del curso, perfectamente bien las instrucciones de cada semana sin ninguna explicación adicional.

4. Unos pocos, generalmente, esperaban que sus compañeros publicaran sus avances para tomarlos como referencia a la hora de desarrollar y escribir sus propios informes.

5. Aunque los maestros-alumnos dieron a entender muy bien sus ideas y explicaciones, presentaron ciertas deficiencias en la redacción. Los errores comunes son la falta de coherencia y claridad, además de mostrar repetidos errores de ortografía.

6. La única etapa en que mostraron alguna reticencia para iniciar, fue en la tercera parte del curso, donde asociaban la Revisión Teórica con un largo Marco Teórico, que implicaría un gran esfuerzo, un esfuerzo

que se agregaría a todas las actividades que tenían, debido a que atravezaban por los preparativos de fin de cursos del año escolar, pero finalmente y ya superada esa resistencia, exploraron y seleccionaron en internet datos de artículos, tesis y exposiciones, vinculados con sus propios temas de interés, con el fin de contrastar ideas, métodos y resultados.

7. Sin embargo, y en relación a la misma tercera parte del proceso, en algunos casos, existe una marcada desconexión entre las referencias teóricas que recopilaron y los datos empíricos obtenidos en el trabajo de campo, que les impidió generar un mejor resultado final, por lo que habrá que seguir insisitiendo sobre el papel que juega el Marco Teórico, hasta orientar perfectamente su uso.

8. También hubo que insistir sobre la manera concreta y clara de presentar las conclusiones, debido a que tendían a extender demasiado el discurso a la hora de concluir.

9. En vista de lo anterior, es imprescindible que se impartan nuevos cursos de Metodología de la Investigación y cursos prácticos de Redacción General, Redacción de Artículos científicos, Ortografía y Búsqueda avanzada de información académica.

10. Finalmente, los participantes se mostraron satisfechos de que la Institución pudiera extenderles un Diploma de participación y de que el curso hubiese servido como ejercicio de preparación para las evaluaciones docentes que periódicamente aplica la Secretaría de Educación Pública.

Sobre los temas de investigación:

1. En su gran porcentaje, los informes de investigación que se recibieron, nos hablan de que en su mayoría,

los conflictos que se presentan en las aulas están vinculados a problemas que existen dentro de las familias de los estudiantes.

2. Después, en menor porcentaje, los informes nos remiten a otro de los grandes temas por resolver, que sigue siendo para los maestros una preocupación constante: Las estrategias para la Enseñanza-Aprendizaje en el aula.

Sobre el diagnóstico final:

1. Los resultados obtenidos, en general y de acuerdo a la muestra tomada, pueden considerase como aceptables, en curso de mejoramiento.

EL CUERPO ACADÉMICO

- Dra. Rosa Gabriela Leal Reyes, es Doctora en Economía y Ciencias Sociales por la Universidad Autónoma de Tamaulipas y la Universidad de la Coruña, España. Docente investigadora de la Unidad Académica Multidisciplinaria de Ciencias, Educación y Humanidades de la UAT y Líder del Cuerpo Académico Sociedad y Transporte.

- Mtra. Rosa María Rodríguez Limón, es Maestra en Educación Superior por la Universidad Autónoma de Tamaulipas. Docente investigadora, Especialista en Inglés e Integrante del Cuerpo Académico Sociedad y Transporte de la Unidad Académica Multidisciplinaria de Ciencias Educación y Humanidades de la UAT.

- Mtra. María Hilda Sámano García, es Maestra en Sistemas de Información y cursa el Doctorado en Ciencias Sociales en El Colegio de Tamaulipas. Docente investigadora e Integrante del Cuerpo Aacadémico Sociedad y Transporte de la Unidad

Académica Multidisciplinaria de Ciencias Educación y Humanidades de la Universidad Autónoma de Tamaulipas.

- Dra. Verónica Yudith Navarro Leal, es Doctora en Educación por la Universidad Autónoma de Tamaulipas y la Universidad del Norte de Tamaulipas. Docente investigadora de la Unidad Académica Multidisciplinaria de Ciencias Educación y Humanidades de la UAT y Colaboradora del Cuerpo Académico Sociedad y Transporte.
- Dr. Ramiro Navarro López, es Doctor en Economía y Ciencias Sociales por la Universidad Autónoma de Tamaulipas y la Universidad de la Coruña, España. Docente investigador de la Unidad Académica Multidisciplinaria de Ciencias Educación y Humanidades de la UAT e Integrante del Cuerpo Académico Sociedad y Transporte.

Printed in the United States
By Bookmasters